U0903594

说一不二的娱乐

★《有一说一》编写组/著

济南出版社

编委会

序　言

济南广播电视台台长　张　锋

济南电视台的《有一说一》，是一个在泉城几乎家喻户晓的节目。

在这个信息驳杂的社会，在这个“娱乐至死”的时代，《有一说一》确实已经走出了一条“说一不二”的创新之路——不落俗，不容易，不简单。

“不落俗”。娱乐新闻信息丰富，内容庞杂，每天一堆，天天不断，网络时代，情况日甚。媒体的娱乐报道呢，一股脑儿地将之转手到受众面前，不分大小好坏，无论真假是非，大有好坏任你挑、好恶由你选的阵势。在这种情况下，《有一说一》对混乱的信息予以整理，对类似的现象加以整合，对最新的事件论论是非，对知名的人物来个点评，形式多样，不一而足。把“娱乐”做得不浅薄，把“通俗”讲得不“低俗”，这对当下的电视节目而言，是难能可贵的。

“不容易”，是说这个栏目的坚持和执著。七年来天天说的都是娱乐圈的明星八卦，节目却不给人八卦的感觉，有观点，有态度，有立场，通过记录亲见亲闻的明星百态，表达了对娱乐万象，甚至是对社会话题、人生命题的探问。有小幽默，更有大智慧，让观众喜欢看，看了之后还忍不住要琢磨琢磨。做人做一次好事不难，难的是一辈子做好事。做节目，做出三两期、一段时间好节目不难，难的是一直做出好节目。从这一点来说，《有一说一》栏目组的一群年轻人有这样的守望态度和执著精神，年年如此，着实不容易。

“不简单”，说的是别人说新闻，这档节目也说新闻，可这“一挂新闻”说得不简单。不仅时效性强，直击第一现场，而且还开创了情景演绎、观众体验等许多新方式。加之栏目的创意架构灵活，其中应用的影视配音、原创短剧、歌曲翻唱等手法，不时让人眼前一亮。特别是搜集到的海量视频素材，不可思议，着实不简单。主持人小虫也不同于一般主持人俊男靓女的定位。他身材单薄，语速偏快，乍一看不时尚，难能可贵的一点是，没有“装”的痕迹。他有自己的风格，就是小跑着说，你听的时候，得紧跟着。听久了，观众还觉得有一种独特的感受，时间长了，还离不开。娱乐节目的主持人，做到这个份儿上，真不简单。

可能也正是凭借着独特的文化视角和鲜明的个性，这档济南地区的本土节目，在2010年“中国媒体百强榜”评选中，和覆盖全国的名牌电视节目《非常6+1》、《快乐大本营》和《越策越开心》一起，荣获了“中国最具品牌价值电视节目（综艺类）”殊荣。主持人“小虫”也是至今为止我市唯一入围中国电视金鹰奖的城市电视台主持人。《有一说一》已经成为品牌，这是济南电视台娱乐节目品牌之路的开端。

“七年之痒”的意思众所周知。时间长了，再好的事物都容易出问题，难能可贵的是，节目主创人员没有回避这个问题，他们以真诚的态度面对观众，同时以自省的态度进行反思，试图在“内容同质化”和“形式单一”的问题上，有新的创新和突破。

用一本书，来记录一档名牌栏目的诞生、发展和探索，这是另一种总结，更是一种创新愿望的宣示。祝福这个有强烈上进心的团队。让我们相信这些年轻的电视人，今后，他们还会给观众不断带来新的欣喜。

目　录

说一不二

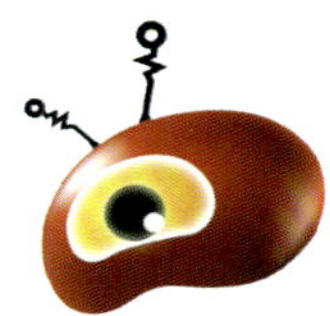

时间长有千万条腿，它是那么不知疲惫地一直向前，我们只能紧紧追随。

2004 年，王菲和李亚鹏的恋情曝光了，周迅和李大齐的恋情也曝了光。如今王菲的闺女李嫣已经可以打酱油了，周迅却依然孑然一身，形单影只。七年的时光，可以让爱情结出甜的果实，也可以让它酿出苦涩的酒。

·音乐人李宗盛：你们看到的那些赢得无数尖叫的，赚得盆满钵满的明星，往往是台上一个傻瓜，后面有十个天才在帮他。

2004年，张曼玉在戛纳电影节上拿了影后，风光无限。如今，戛纳的红地毯早成了两个"冰冰"孔雀开屏的地方，七年的时光，足以让红颜老去，也足以让玫瑰盛开。

2004年，冯小刚拍摄了电影《手机》，那句经典台词"观众朋友大家好，欢迎收看《有一说一》"一时间街知巷闻。如今，这句台词依然是济南人最熟悉的问候，不过，每天在电视荧幕上向大家打招呼的，不再是严守一，而是小虫。

《有一说一》，这档济南人喜闻乐见的娱乐节目，自从2004年1月1日在济南电视台影视频道亮相以来，已经播出七年之久了。七年间，娱乐圈风云变幻，这档记录、见证、评说娱乐万象的节目也走过了一条漫长的坎坷道路。

让我们把时光追溯到2003年：在杭州西湖边的小竹林里，几名激情澎湃的济南电视人正在热议杭州电视台的一档麻辣惊人的影视资讯节目——《视听大字报》。回到济南后，大家一拍即合：济南电视台也应当开办一档大胆犀利的另类娱乐节目，另类的表达方式，另类的视角，另类的点评，不走寻常路。

《有一说一》的诞生如一颗尖利的石子，在古井无波的济南娱乐市场激起了层层涟漪。这档崭新、前卫、充满探索性的节目从一开始就注定了要走一条不平之路。因为它跑得太快、太猛，以至于来不及低头看自己脚下的路。有时候我们奋力前行，却往往忘记了为什么出发。

开播不久，节目报道了一条夫妻俩在家看黄片被抓的新闻。主持人为了突显自己的个性和另类，在电视上拿着折扇摇头晃脑地说：“谁没事不在家里偷偷摸摸看个黄片，放个黄碟，不必大惊小怪。”那时，“二”这个词虽然没有如今这样明确的定义，但这种“二”的的确确给栏目带来了近乎灾难性的后果，报纸罕见的以整版版面对《有一说一》提出质疑，各种批评接踵而至。生存还是毁灭，成了头等大事。

非议、讥讽、嘲笑让栏目组陷入沉思：“另类”不是信口开河，更不是“二”，作为大众媒体，弘扬的是社会主义核心价值体系。热热闹闹，八卦新闻不断的娱乐圈看似五光十色，光怪陆离，实际上它是对社会生活、社会文化的一种折射。

金融危机的时候，喜剧电影一定会大行其道，因为人们需要一个忘记烦恼的理由。

当打工仔、农民工越来越多的时候，一定会出现一夜成名的草根歌手，不管他是叫刀郎还是叫旭日阳刚，唱的无非都是城市里的孤单漂泊。

当“小三’成为一个社会问题的时候，明星们就不再隐婚了，传统的居家过日子的形象成为明星博得好感的不二选择。

2much
too much for you

我们以为古老的昆曲即将消亡了，却意外在 ABC 王力宏的歌里找到了它的影子，只不过改了个名字叫“中国风”。我们以为农村生活题材的影视作品已经过时了，《乡村爱情》却成了电视剧的一匹黑马，而城市里也开始悄悄地流行起了“开心农场”。社会发展是螺旋上升的，娱乐生活自然概莫能外。

有影子的地方才说明它后面有光，越匪夷所思的娱乐百态越能潜移默化地折射出做人的道理和生存的法则。节目恰恰可以从这些八卦的资讯中，以一种独特的视角去反映社会，在娱乐的同时，以一种辛辣的点评，让人在笑过后引发思考，有所感悟。“说一不二”不但应该是一种自信的态度，更应该是一份媒体人的社会责任感。

沈从文先生曾经说过这样一句话：“一个女子在诗人的诗中永远不会老去，但诗人他自己却老去了……”做节目何尝不是如此，在镜头里，娱乐圈永远新鲜热辣，喧嚣热闹，仿若一场永不会散的宴席。每天晚上，观众如约前来赴宴，40 分钟的轻松之旅之后，心满意足沉沉入梦去了。可是烹制这场宴席的厨师们，却长夜无眠，挠着脑袋设计第二天的菜式，日复一日，周而复始，正太少年熬成了沧桑男人，花样少女熬成了黄金“剩女”。但是，那些影像，那些星光，那些激情，那些反思，不仅仅是我们成长的记忆，更是我们澎湃的血液和人生的宝藏。回首这七年，一路上的脚印有笔直欢快的，也有歪歪扭扭的，但无一例外，上面都凝聚着观众热切的目光。现在，当我们再次踏上杭州，那档曾经辉煌的、启迪了《有一说一》诞生的节目早已无人知晓。而我们却依然在发展、在盛开。

栏目组每天都能通过热线电话、短信留言、微博互动，感受到来自观众的深情厚谊。有位老先生说：甜品不甜，方为上品，甜而不腻，辣而不燥，是个好节目。有个小朋友说：太搞笑了，我看得都流口水了。有位叫“白阿菜”的网友则说“这个节目是我现在 24 小时包括睡觉在内最有聊的一件事情了，我家 4K 的电视就是为它买的啊”。面对观众的厚爱，我们有欣喜，有欣慰，自然还有小小的得意，毕竟这是对每期节目七八千字，上千个镜头的最好奖赏。但在面对如此多充满期待的目光时，更多的还是惶恐：因为再好的厨子也有技穷的时候，这份老菜单真的已经翻不出太多的新花样了。面对越来越“食不厌精脍不厌细”的观众，我们唯一的选择就是放下曾经所有的荣誉，以新人的姿态重新上路。

·导演冯小刚：当年那叫“文艺界”，多受尊重。而今转叫“娱乐圈”，其实挺烂的，谁还当回事。

曾经有位生物学家提出过一个著名的命题：人体细胞的新陈代谢，每三个月会替换一次，旧的细胞死去，新的细胞诞生，而将一身细胞逐次全部换掉，恰好历时七年。也就是说，在生理上，我们每七年就是全新的一个人。如今，整整走过了七年的这档节目也在寻找一个重生的契机。所以，这本书既是对过去的总结，更是对过去的挥别。新的《有一说一》即将登场，我们期待新的理念，新的精神，新的活力，新的精彩。

七年了，我们刚刚上路……

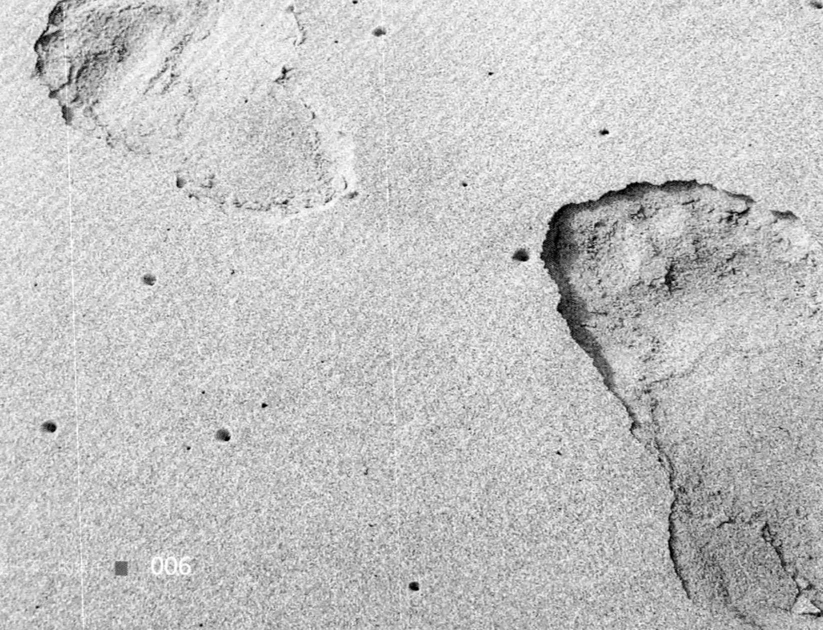

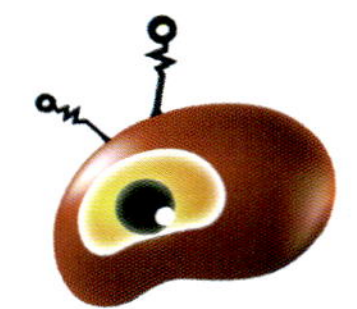

有一语录

[题记]

问：为什么喜欢看《有一说一》啊？

答：太…敢…说…了…

《有一说一》到底有多敢说，多能说，多么“有一说一”，请看《有一语录》。

1　**以前大家常说时间是成熟的营养剂，现在看来这娱乐圈才是成熟的催化剂。**（新一代“谋女郎”周冬雨一改出演《山楂树之恋》时的青涩与拘谨，与媒体对答如流）

2　**往年咱们看马琳打乒乓球比赛，特点就是“快、准、狠”，只是没想到这次竟然把“快、准、狠”用到了自己的婚姻上。**（马琳与张宁益闹离婚，面对媒体溜之大吉）

3　**有一句话叫“水能载舟，亦能煮粥”，这明**

·演员刘德华：他（初恋女友）生孩子那年，我都不敢去看，因为怕长得像我。

星被粉丝架在锅里煮的滋味也着实不大好受。（一位粉丝“因爱生恨”，伪造阿娇“艳照”）

4　对于这段感情，我们猜中了这开头，却猜不中这结局。（周星驰于文凤分手）

5　如今这是解决纠纷不是说相声，嘴皮子再溜也没用，关键还得看是谁占着理儿。（因侵占公共绿地，郭德纲遭邻居举报）

6　有句话叫“好钢用在刀刃上”，可谁知这个剧组功力尚浅，驾驭不了王志文这把好刀，结果不小心让刀砸了脚面。（电影《杀戮之地》的开机发布会上，王志文不满剧组安排的环节，当场黑脸）

7　要是当时拍电视剧的时候仔细点，改错的这 800 万，足够高希希再拍部电影了。（电视剧新《三国》穿帮多，导演高希希放言要花 800 万将片子“回炉”）

8　其实说句实话，主持人温雅也得感谢一下兽兽，正是因为两人当众翻脸，借着兽兽的东风，温雅自己捎带手也火了一把。以前温雅只是一

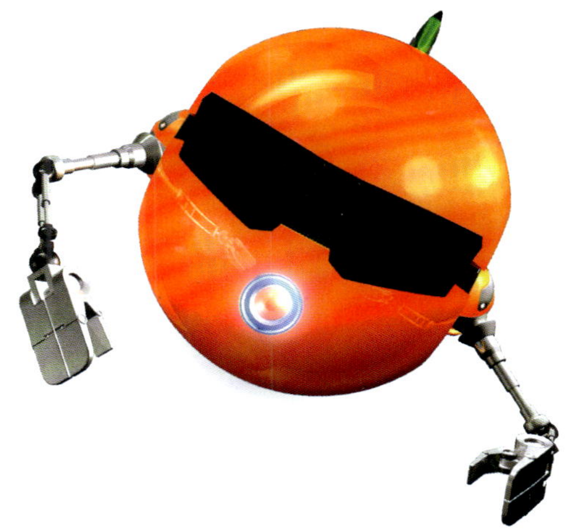

个人名，现在俨然已经变成名人了。（温雅因与兽兽的“离席门”火速成名）

9 这次，苏醒觉得自己是个豆包，可别人根本就不把他当干粮，也难怪他满腹牢骚了。（“快男”苏醒因某媒体对自己的报道轻描淡写怒而发飙）

10 都说“重赏之下必有勇夫”，看来对于豪门来说，“重赏之下也必有孕妇”。（李嘉欣在许家“重赏”之下终于为夫家“添丁”）

11 陈冠希口口声声呼吁大家忘了艳照门，可惜最终还是要靠“艳照门”来博大家的眼球，他这是想让大家忘不了呢，忘不了呢，还是忘不了呢？（陈冠希新加坡办画展，拿“艳照门”做噱头）

12 当初阿 SA 和郑中基因为隐婚最终离婚，为了事业牺牲掉了爱情，现在公开承认与陈伟霆热恋，宁愿牺牲事业也要维护爱情，还真是见到黄河就死心，撞到南墙就回头。（阿 SA 高调承认与陈伟霆的恋情）

13 在嫁豪门这个问题上，郭晶晶看来技术并不娴熟。虽然一头跳进豪

·作家韩寒：什么坛到最后也都是祭坛，什么圈到最后也都是花圈。

门里，但是只看到不断溅起分分合合的“水花”，却总是不见郭晶晶出水的那一刻。（郭晶晶嫁豪门“干打雷不下雨”）

14　看来这人不光是黑客，还有点黑心。（张卫健被传“胃癌晚期”，后经证实是被某黑客黑了）

15　以前大家都是盼春晚、看春晚、品春晚、议春晚，而如今则又多了一项，那就是猜春晚。（春晚临近，有关演员和节目的各种传闻不断）

16　你说这黄磊费那么些劲当演员干啥，在家睡觉做梦写剧本不就行了。（为澄清自己抄袭嫌疑，导演黄珂声称表哥黄磊在梦中为自己构思出剧本）

17　在音乐上，周董那是“我的地盘听我的”，可是到了主持这条道上，却是“我的地盘，听别人的”。（周杰伦主持《MR.J》节目频遭嘉宾抢风头）

18　作为公众人物，有时候还真得约束自己的言行，不能高兴了逮谁都亲，就算您不怕病从口入，可还有个祸从口出呢。（范冰冰因同性之吻惹争议）

19　自己带着老婆，拍了部电影，拿着票房，还赚着口碑，可是突然就被人给恶搞了。（姜文新作《让子弹飞》热映时，网络出现根据影片剪辑的恶搞视频）

20　穿着清宫剧的衣服，用着琼瑶阿姨研究出来的道具，说着台湾偶像剧的话，唱着喜剧贺岁大片的台词，材料倒都是好材料，但是不管不顾的都炖在一起，再加上点整容包养的丑闻当调味品，俨然是一锅怪味大杂烩，也难怪很多观众大喊吃不惯了。（热播剧《宫》争议多）

21　与其说张柏芝生的是孩子，还不如说她生的是话题。（生子后，张柏芝话题不断）

22　如今大炳在吸毒的道路上可谓一路不回头，二进宫后，事又过三，

“死”（四）不悔改，看来这回在娱乐圈是真的“无”（五）路可走了。（台湾地区艺人大炳四度吸毒被抓）

23　明明是辆自行车，装上排气管，安上俩轱辘，再挂一汽车的标，就敢开出来蒙人了。（网络盛传的“苍井空首支中文MV”被证实系伪造）

24　一般来说，靠技术入股叫做技术股；这通过和女明星的绯闻炒股，看来得叫“脸蛋股”。虽说这“脸蛋股”的想法挺独特，不过到最后，我看保不齐都得成了泡沫股。（自从汪小菲与大S结婚赚足了眼球之后，不少富商盯上了知名女星，希望借恋爱炒生意）

25　这两年，激情戏俨然成了一块砖，哪里需要哪里搬。但是万一搬不

·导演李安：分级制度用年龄来区分不合理，性这件事，14岁的小鬼可能比41岁的人更混光。

好，只怕高楼大厦没建成，倒先把自己的脚给砸了。（电影中激情戏泛滥）

26 敢情在这如今的娱乐圈里，连谈个恋爱都没外人啊。（杨千嬅自曝曾遇“小三儿”搅乱家庭，圈内不少女星成为怀疑对象，纷纷澄清）

27 那英给好朋友捧场的方式还真是很特别，把这捧场捧出了砸场的效果。（那英捧场蒋雯丽电影处女作首映惹尴尬）

28 每对父母都是望子成龙，望女成凤，不过要是生个这样的凤出来，也真是够让爹妈犯愁的。（网络红人“凤姐”参加选秀雷人言行引来众多关注）

29 李咏这次新出的书名字叫《咏远有李》，可这事儿，说到哪也是你没理。（为宣传新书，李咏在某大学大讲荤段子遭批评）

30 小沈阳说过，人生最痛苦的事，是人死了钱没花了。而对于迈克尔·杰克逊来说，更痛苦的是，不光钱没花了，到现在他剩下的钱该怎么花都没弄明白。（迈克尔·杰克逊去世之后，财产分割纷争多）

深度八卦

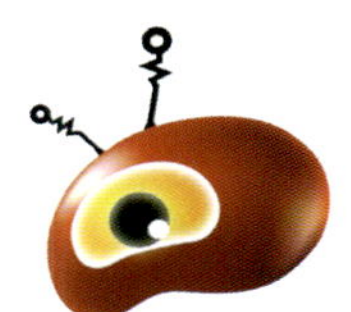

[题记]　鹰的眼睛，狼的耳朵，豹的速度，熊的力量，这就是节目的外采记者小分队。七年来，他们究竟采访过多少位明星呢？请屏住呼吸，掀开下一页。

精彩的来了，请看节目外采爆料，独一无二的明星私家故事，就在这里。

·作家海岩：我是一个写纯情的作家，偏偏长得不纯情，所以我不敢自己去演戏。

·演员蔡琳：我是个很纯的人，所以喝的酒也得“醇”。

孙俪　人生若只如初见

孙俪第一次来济南是 2004 年 2 月 18 日，宣传电视剧《一双绣花鞋》。第二次是 2010 年，宣传电视剧《小姨多鹤》。

说起来，孙俪和我们很有缘分，节目刚开播不久，她就乐呵呵地来了。

2004 年，孙俪刚刚主演了热播剧《玉观音》，可惜剧红人不红，星味还不是很足。当时

她穿了一件绿色的毛背心，里面是一件白色的衬衣，看上去像一个涉世未深的学生，脸上有些婴儿肥，胖嘟嘟的，喜欢没心没肺地大笑。孙俪那次参加录制的专访节目后来还送去参评了“星光奖”，获得一等奖。孙俪得知后，热情地给节目组打来电话，表示了祝贺和感谢。

转眼到了 2010 年，孙俪携电视剧《小姨多鹤》再次来济南宣传，阔别 6 年，她已经成为国内炙手可热的一线女星，和邓超的婚恋也成天在报刊上绚烂。

和这一次来济南相比，孙俪形象大变，她留着时尚的短发，红色英伦格子的小上衣，加上银色紧身裤，手上套着最流行的小手套，时尚极了。印象最深的是她的一双美腿，超级细，差不多是我们采访过的明星里最细的一个。就这，她依然不满意，表示自己还要减肥。

这一次，她带着自己的专属化妆师，上节目前，光是化妆就忙活了好几个小时。她拒绝拍摄化妆的过程，礼貌地说那是公司的规定。她还委婉地提醒你，最好不要问个人感情的事情。

做完节目后，送她到火车东站时，夜幕已经降临了。孙俪忽然跑向进站口边上的一个小卖部，说是想要喝啤酒。考虑到她的身份，我们建议她最好到车上的餐车去买。没想到的是，她竟然说：火车上那么贵，这里买就行。话音没落，就自个进去了。

等她买了啤酒出来，一脸得意的表情：因为没有人认出她来。

我们都笑了。感觉孙俪变了，又好像没有变。

·导演王家卫：王晶只要知道一点点信息就能拍成四部电影。

梁咏琪　如此颠倒众生

2005 年 8 月 11 日，梁咏琪到济南宣传自己的新专辑《顺时针》。这一年，是梁咏琪踏入歌坛的第十年。

·演员胡歌：艺人是不是很像八戒呢？任何情绪脾气陋习都得戒，有时候观众只会看到一个气炸了的猪头，却永远不知道天蓬元帅受了多大的委屈。

梁咏琪来过很多次济南，让人印象最深的是 2005 年那一次。她说："由于喜欢旅游，打听了不少名胜，我对五岳之首的泰山向往已久。"她还夸山东人给人高大可靠的印象，而自己因为个子比较高，常常被人追问是不是有山东血统。当时，她正当红，人气非常得高，十几家媒体的记者守候在新闻发布会会场，尤其是男记者们，倾巢出动。梁咏琪穿着凉爽的夏装，一头清纯活泼的短发，男人们一见到她，就立马像集体吃了迷药一样，被迷得天旋地转。

第一个中招的是新闻发布会上的男主持人，看了梁咏琪一眼，就突然失控了，足足有半分钟没有说出一句话，憋得脸通红，才挤出了一句开场白："梁女士，你好。"

第二个中招的是一名男记者，他被电得神魂颠倒，不知所云：

"梁咏琪，你好，你上一次发行新专辑是 8 月，过了 8 月，10 年了过去了，10 年之后，过了 8 月……"

据一个在场的女记者说，"男人们集体丢了魂的新闻发布会"，这辈子都没有遇过第二次。

关键时刻，还是女记者们清醒，她们直截了当地询问梁咏琪和男友郑伊健的感情状况怎么样了。这个问题其实梁咏琪被问过很多次了，只是这一次她的经纪人非常敏感，立马跳出来制止。几天之后，梁咏琪回到了香港，她对外承认，与郑伊健已经分手了，大家这才恍然大悟。

有的时候，你能迷倒所有的男人，却守不住一颗男人的心。

·歌手大张伟：冯小刚，他无论谈吐还是吐痰都特京范儿。

范冰冰　美丽也是一种武器

2006年11月16日，我们受邀赴北京参加电影《墨攻》首映礼，第一次近距离看到了美女范冰冰。

电影《墨攻》是讲述墨子“兼爱非攻”理念的一部电影，导演张之亮是刘德华的同班同学，一个非常有想法的人。他非要在电影上映前夕到齐鲁大地追寻一下墨子的足迹，于是，我们就追随张导上了泰山之巅。后来，张导还特意邀请我们节目组去北京，参加《墨攻》首映礼。首映礼上，刘德华、范冰冰以及SJ的崔始源等主演悉数到场。范冰冰漂亮极了，尽管妆化得很浓，但漂亮的五官和白皙的皮肤依然抢眼。可能是因为太过漂亮，范冰冰看起来有些咄咄逼人的美丽。现场还出现了小小的意外一幕：范冰冰现场不小心掉了一只耳环，刘德华赶紧弯腰帮忙给拾起来，显得很有绅士风度。

记者会现场，范冰冰一改往日飘逸长发的形象，顶了一头俏丽的短发。这个短发造型，立刻引起众人的猜测，连刘德华都关切地询问她怎么把头发剪短了？记者们为了那到底是不是假发当场争执起来。就这样，美人的一个短发造型，就把发布会搞得严重偏离主题，现场乌泱泱的。

在这之前不久，范冰冰刚刚

爆出脚踢记者的新闻，成为娱乐新闻的头版头条。美女打人啦！听起来很瘆人，但被踢的记者也没有要告的意思，因为被美女娇嗔地踢了一脚，似乎也不是一件多么丢人的事情。可能是因为当时负面新闻缠身，范冰冰对媒体态度上也就不是很热情。记者问她问题，她都回答得比较强势。有记者问范冰冰，怎样看待自己负面新闻缠身？范冰冰一张俏脸马上挂满了冰霜，冷冷地应对记者，强硬地回答，说自己一点也不在乎。美人即便是生气了，也依然很漂亮，记者虽然被美人呛了声，但是没有继续追问下去，饶过了范大美人。

看来，美丽也是一种武器，而且还颇具杀伤力。

张国立、张默　不一样的一家人

2007年2月10日，张国立带着儿子张默、女主角韩雪来到泉城，为《济公新传》做宣传。

娱乐圈里有一对著名的父子，就是张国立和他的儿子张默。说他俩著名，是因为除了长得像之外，这爷俩没有一点像的地方。

2007 年底，张国立带着张默来济南宣传电视剧《济公新传》，当听说正逢农历小年，张国立不禁感慨道："今天晚上我们还要赶到上海去。现在成天忙着工作，脑子里除了春节，对小年、礼拜天这样的节假日，已经没什么概念了。"张默则关心的是另外的事情，他说："去了好几个剧组试戏，结果都没成，人家担心我是张国立的儿子，要价太高；也有人怕我难管理。"

张国立对待媒体是彬彬有礼，但是张默的举动让人大跌眼镜：他先是拿手机在边上发短信，然后把自己的鞋子把玩了一番。记者见他一个人挺无聊，就走上前去采访他。

·歌手罗中旭：刘德华不是人，他是个超人。

“你好，张默，能给我们电视机前的观众打个招呼吗?”

“打什么打？有什么招呼好打的?”

张默一句话，喷得记者无言以对。

老爸张国立是个怕尴尬的人，见这架势赶紧上来打圆场，招呼着大家来合影。张默劈着腿，不停地抖啊抖啊，一副吊儿郎当的样子。记者见状连忙提醒：

“张默能不能换个姿势，这样照出来太难看了。”

“行。”张默虽然有些不乐意，但还是照做了。

张国立赶紧搂过儿子，疼爱地看着他：“行，今天表现很好的。”

《济公新传》剧照

张国立对儿子百般溺爱，但是对自己却非常严苛。

2009 年，我们前去横店探班。当时他正在拍摄《铁齿铜牙纪晓岚》的续集。因为是总导演，张国立既要演戏还要说戏，再加上是个热心人，基本上脚跟都不着地。一会儿，袁莉过来了，说太冷，张国立就把她安排到自己的房车里看剧本；一会儿王刚来了，说要对几句台词，他又忙活着和王刚搭戏。等到下午的时候，张国立终于忙活完了，这才抽出空来接受我们的专访。张国立先是一通道歉，然后把我们拉到了太阳地儿里。他说：这里暖和，你们呆了一天，很冷的。

他的话，和冬日的余晖一起，照得我们的心里暖暖的。

现在的张默，已离开老爸单飞，跟着姜文拍摄了《让子弹飞》。虽然寄人篱下，但是张默很快活，他的演技得到了前所未有的夸赞。张默在接受采访时说：自己喜欢姜文，对他无话不说，觉得他是个好爸爸。不知道张国立听了儿子的这番话，会有什么感想。

中国有句老话说：“可怜天下父母心”，还有句话说：“多成功的父母都往往被自己的孩子拿住”。老祖宗还真是有大智慧。

·导演张艺谋：时间一长，我也把这个事儿看明白了：你个儿大，不打你打谁啊，一定要有个个头大的挨打嘛。

赵薇　八面玲珑小燕子

2007 年 6 月 9 日，赵薇和潘虹、庞宗华一起到济南，参加电视剧《谢谢你曾经爱过我》全国首映礼。

2011 年，赵薇完成了她人生中的几件大事：有了老公，当了妈妈，封了影后。一个女明星能够混到这个份上，按说可以脱去华服相夫教子了，可是她依然马不停蹄地在娱乐圈里奔走：瘦身成功后，身材比以前更辣了；有了老公后，人脉比以前更广了。作为一个近距离采访过她的记者，套用一句俗气的话说：赵薇有今天，我一点也不意外。

四年前，赵薇第一次来济南，感觉不如电视上那么水灵。知道赵薇眼睛大，但是如此近距离看她，还是被她的大眼睛震得不轻：一双黑黑的眼睛，占了整个面部宽度的二分之一。周围的记者悄悄议论说：这几年赵薇老得厉害，一个再美貌的人，也经不起抽烟喝酒泡夜店的折腾啊。

屏幕上的赵薇，总是一副大大咧咧、没心没肺的样子，其实仔细观察她，你会感到她是一个聪明的女人。新闻发布会开始了，主创人员到齐了，唯独制片人单兰萍因为害羞没有上台。

可能是见惯了单兰萍的低调，所有的人都没有对之力邀的意思。唯独赵薇不干了。她表示，如果制片人不上台，她也就不参加发布会了。一时间气氛闹得很僵。

最后，在赵薇的三邀四请下，单兰萍终于红着脸上了台。她狠狠地捏了一把赵薇，还敲了赵薇一个大响嘣。在场的人都能看得出来，她的眼角眉梢都是笑意。正在这时，演员潘虹来了，刚才还故作强势状的赵薇，立刻化身为一个娇嗔的小孩，扑到潘虹怀里，妈妈妈妈的喊个不停。潘虹抱着赵薇，从她的眼睛里能够看得出来，她是真的喜欢赵薇。都说女人之间最难打交道，但是仅仅 5 分钟的时间，赵薇就搞定了两个女人。

当时赵薇和李泉的绯闻传得很凶，于是有记者向赵薇求证此事。赵薇于是无助地看着歌迷，歌迷果然坐不住了，要为偶像发声。赵薇连忙示意歌迷要尊重记者，然后用貌似缓和的语气说："再别提这事了，我跟李泉是兄妹，说我俩有绯闻真的很恶心。"就这样，一两句话，既让粉丝们为捍卫了偶像的尊严而感到快乐，同时又不动声色地把记者的嘴给堵上了，这种四两拨千斤的手法好生了得。

现在的赵薇，早已不是当年的那个小燕子了。

谢霆锋
火暴浪子玻璃心

2007年7月22日，谢霆锋出现在济南大观园，参加电视剧《咏春》全国首映式的新闻发布会。

谢霆锋2011年如愿拿了金像奖影帝，又爆出坐拥六亿身家，春风得意了又得意。就几年前谢霆锋来济南时的火爆程度而言，这倒是顺理成章的事情。谢霆锋那次来济南是2007年，他穿着白色的T恤，墨镜架在头上，非常的酷。

活动现场可谓人山人海，一是他当时很红，二是因为他新闻缠身，撞人顶包还和王菲张柏芝纠缠不清。谢霆锋一出现，大批记者就蜂拥而上，尽管主持人再三请求"大家请回到座位上"，但他身边仍然是水泄不通。有个87岁的老奶奶也疯狂了一把。谢霆锋跟两位主持人商量了一下，径直走下舞台，老奶奶激动地站了起来。霆锋赶忙说：“奶奶！您坐下您坐下！”老奶奶很幸福地趴在谢霆锋的耳边说：“我年纪大了，这次你到济南还能看到你，下次你来就不知道能不能见到你了……”霆锋很激动，一下子跪在老奶奶的身边，给了老人家一个拥抱。

之后，谢霆锋又陷入了粉丝的热情中，大家拉扯着他，签名的本子像小山一样摞在他眼前。保镖和助理一看这架势，架起谢霆锋就走，没想到小谢勃然大怒。

“我要是走了，他们怎么办！他们等了我一下午！”

小谢咆哮完了之后，抓起笔杆就闷头签名，这一签签到了夜幕降临。

再火暴的浪子在粉丝面前，也有一颗温暖纯净的玻璃心。

谢霆锋济南行

·演员刘晓庆：我之所以能红到今天是因为我做人好，每次通告我从来没有迟到过，拍戏时也从来没有欺负过其他演员，我简直就是“五好演员”。

阿杜　这一点挺要命

2007 年 10 月 31 日，睽违歌坛两年的阿杜，带着新专辑《差一点》到济南做宣传。

歌手阿杜大概有两三年没有在媒体前露面了，据说他患了抑郁症。想起上一次他来济南，还是 2007 年宣传新专辑《差一点》的时候。当时阿杜迟到了，记者们都在下面黑着脸。阿杜的助理说化妆师在忙着给他化妆，他化妆算是男明星中很快的了，但是也需要 1 个小时才行。于是，记者等了挺长时间。阿杜到场的时候，大家竟发现他一点也没有化妆似的，胡子拉碴的，神情很倦怠。他不停地搓手不停地摇摆着身体，其实只要一句对不起就可以了，但是他憋得脸都发抖，就是不知道如何化解。

阿杜是个老实孩子，记者让他现场清唱，他不顾音响设备的简陋，拿起话筒就唱；让他模仿师弟林俊杰，他二话不说模仿起来；有人调侃他在 MV中穿的黑皮衣很时尚，他认真地给大家分析衣领的独到设计。

· 主持人黄安：钱能买到名床，但是买不到睡眠。

采访完阿杜，记者和他握手告别，他的手干燥而又粗糙。记得阿杜说过以前干过建筑工人，这么多年了，这双手一点也没有改变。

手没有改变不要紧，这改不了的老实性格在娱乐圈还真是挺要命。

冯小刚
随性的“钢炮”

2007年12月25日，圣诞节这天，冯小刚来济南宣传电影《集结号》，在银座索菲特酒店举行了新闻发布会，并在鲁信影城和新世纪电影城举行了观众见面会。

冯小刚给人的感觉就是“小钢炮”，随时随地都在炮轰别人。那一次来济南，大家算是彻底领教了。当时冯导的白癜风已经很明显了，他戴着帽子并且把帽檐压得很低，但这并不妨碍他做事的高调，他不仅会使小钢炮，十八般武艺几乎样样都在行。

新闻发布会上，主办方为了迎接冯小刚的到来，专门准备了冷餐会，但是他压根就没有搭理这一茬，冷餐会没吃就直接走人了，弄得主办方很没有面子。这次，他虽然没有放炮，但是打了主办方的冷枪。

冯导的济南行第二站是影城。主办方准备在影城门口举行签名仪式，红地毯和签名板都已经准备好了，冯小刚还是没吃这一套，主持人都念开场白了，他硬是没带搭理的就直接进场了。这一来，门口的粉丝都涌入了影城，把在门口主持签名仪式的主持人的话筒都给挤掉了。主持人也顾不上话筒了，也跟着人群奋力往里挤，因为她还要主持里面的影迷见面会。

让她哭笑不得的是，等她衣冠不整地挤到了影院内，发现冯小刚自己已经主持上了。

接着，冯小刚又马不停蹄地来到另一家影城，继续他的观众见面会。席间，有一个观众问了冯导这样一个问题：谷子地所在的九连几乎全军覆没，被授予了五五年解放奖章，可是在历史上这个奖章从来不授予已牺牲的人。没想到这句话激怒了冯导，他牛气哄哄地放炮说，烈士们把命都给献出来了，一个奖章算什么！如果真的有这个规定，那也是一个操蛋的规定。

因为冯导用词太过劲爆，我们播出的时候，只好把“操蛋”两个字做了消音处理。

冯导这次的济南之行，还有一个很让人费解的举动，明明是来宣传电影的，却不接受单独采访。不过我们《有一说一》向来是以完成“不可能的任务”闻名的，这次也铆上劲儿了，誓要撬开冯导的嘴。冯导的见面会一结束，我们就分成两路，一路堵前门，一路堵后门。说时迟那时快，冯导从后门离开时，我们的记者大喊一声：“冯导，济南的观众特别喜欢你。”听到了“喜欢你”这三个字，冯导立马停住，喜滋滋地接受了我们的独家采访，并表示济南的观众太热情了，《集结号》这样的电影，就应该在济南放。

放炮的冯导也有温顺的时候，只要你顺毛摸。

·演员陈思成：演员特别被动，大家都习惯于导演叫怎么做就怎么做。我一直烦这种感觉，我们像坐台小姐一样坐在那里让导演挑来挑去。

姚晨　此情可待成追忆

2007年12月30日，导演阿甘携演员姚晨、凌潇肃来到济南，为贺岁电影《大电影2.0两个傻瓜的荒唐事》做宣传。

现在的姚晨是炙手可热的一线女明星了，她穿梭于巴黎国际时尚周，和巩俐、章子怡相提并论；她屡屡见诸报端，微博、离婚、恋爱样样都不落人后。

2007年，姚晨第一次来济南的时候，她穿一件红色的帽衫，衣服和围巾上都有小猫咪的图案，那种衣服当时济南的商场也有，大概是300块钱一件。姚晨穿得很仔细，时不时扯扯衣襟摸摸领子。那时候姚晨刚刚出名，她演的郭芙蓉正在"家喻户晓"的道路上奋斗着。

和她一同来的，还有凌潇肃。当时没人知道凌潇肃是谁。自由采访的时候，凌潇肃身边门可罗雀，只是一个人低着头玩自己的手指头，姚晨这边却门庭若市。姚晨的经纪人悄悄走到记者群里，挨个打招呼：大家帮帮忙，那是姚晨的

·评委包小柏：我朋友说我的样子不怒自威，其实我只是在深度思考而已。

老公，向他提几个问题。

经纪人透露的小道消息果然有用，大家都被震得不轻。也难怪，在采访之前，虽然大家都做了功课，但是没有发现任何关于他俩结婚的消息。

这一下，记者们纷纷围上了凌潇肃，问东问西。

“你俩什么时候结婚的?”

“姚晨比你红，你着急吗?”

“你俩聚少离多，对婚姻会有影响吗?”

“都说娱乐圈的婚姻极不稳定，你怎么看?”

问题像一支支冷箭，嗖嗖地飞向凌潇肃。凌潇肃拿着无形的盾牌，左抵右挡，左右开弓：

“怎么会？她再红都是我的老婆，哪有老公吃老婆醋的。”

“姚晨其实私底下超级崇拜我的。”

现在想起来，凌潇肃过度的自我辩解，其实是过度的自我催眠，或者说，过度的自我保护。对于这个渐渐走红的老婆，他没有百分之百的把握。过了一会儿，姚晨过来了，她又拉着

新闻发布会

·演员孙红雷：中国女演员整体素质偏低，以为找到一个大款或者和导演睡觉就能成，其实还差得远呢。

凌潇肃不停地隆重推介：

“我老公演戏特别棒，比我棒多了。”

“他在大学的时候，比我优秀多了。”

姚晨一边说着一边拉着老公拍了张合影，以见证他们的恩爱。

真是世事难料，4 年后，他们劳燕分飞，男的小三缠身，女的另起炉灶，两个人各自推翻了原来的恩爱，只有那张合影记录了他们曾经对婚姻的小小坚持。难怪有人说：在娱乐圈里，哪对夫妻秀恩爱，离散伙也就不远了。

·演员刘嘉玲：梁朝伟不比江南才子差，比唐伯虎好，因为他专一。

刘晓庆　这个女人不简单

2008年4月，刘晓庆主演的电视剧《女人何苦为难女人》播出前夕，我们去横店影视基地探班。

·演员萧蔷：有人拿粪泼你，脏的还是粪，我的本质还是我，所以一定要学会区隔苍蝇和粪跟你之间的关系。

很长一段时间里，刘晓庆的新闻不外乎两种：和小丈夫闹婚变、和诬蔑自己整容的人打官司。她已经 60 岁了，一般这个年龄的人，都成了慈祥的外婆和奶奶，可她依然在演艺圈里闹闹腾腾。说得好听点，这是活出自我；说得难听点，也许是属于不豁达。

然而，近距离接触她之后，对她的印象却大为改观，从心里觉得这个女人真的不简单。

在横店，原本定的七点钟的记者会，大家一直等到了九点。每次问主办方刘晓庆什么时候到，答案都是：刘小姐正在做美容，大家等等吧，快了！啥？都这个点了，还在做美容？大家全都快“石化”了。主办方又解释说，刘小姐只有做了美容才能化好妆，如果妆化不好，是不会出来的，大家别着急。半个小时后，刘晓庆出现在了大家面前，到底是化妆时间长，还真管用，只见她容光焕发，精神抖擞。人们也一下子明白了：原来要维持不老传奇的秘密，就是化妆前要做一个长达两小时的美容。

只是细看之下，还是能看见厚厚粉底遮盖下的皱纹。在娱乐圈里，莫文蔚喜欢短衣襟小打扮，刘晓庆一点也不输她。短小精悍的黑白花小上衣，搭配上紧身的白色裤子，一副典型的不服老的打扮。但不得不承认的是，刘晓庆一进门，身上就带着强大的气场，大家本来一肚子怨气，一见到她本人，却都个个偃旗息鼓。

刘晓庆坐定后，像皇太后一样扫视了一下周围的环境，看样子对大家的安静非常满意。她一副大姐大派头，惊人之语不断，“我拍的戏都比较有影响”、“其他演员一辈子有一部代表作就不错了，我却有那么多代表作”、“我总能遇见爱我的男人”、“我还能演十几岁的角色”等等，她说得自信又坦然。

记者们可能是憋得时间过长的缘故，开始对她连珠炮一样地发问，从绯闻到丑闻，从年龄到身材，面面俱到，针针见血。换作别的明星，早就拂袖而去了，只见刘晓庆淡定地扫视了一圈，开始和众多记者讲起了条件：这个谁，你问我整容的问题，你保证问我一个关于电视剧的问题，我就可以回答你；那个谁，你不是问我绯闻吗，问我演戏心得，我肯定能给你一个答复；还有那个，坐在最后的那个……一个记者招待会，顿时成了村西口的菜市场，刘晓庆变身成家庭主妇，开始和大家磨嘴皮子讨价还价。大家被刘晓庆的直接和爽快打动了，纷纷绞尽脑汁地从脑子里掏出几条关于电视剧的问题，而她也投桃报李，时不时抛出几个劲爆语录，什么

刘晓庆接受《有一说一》栏目组采访

“我明年想要和姜文合作”了，“有人说我和男助理传绯闻”了。反正别人不敢说的，她都敢说。

记者朋友们相视一笑：明天的头条有着落了。

·演员袁莉：何止是娱乐圈啊，有男女的地方都有潜规则。潜规则如果无伤大雅，当事人愿意，别人有什么资格说三道四的。

蔡国庆　帅哥敌不过韭菜叶子

在大家的印象中，蔡国庆是个晚会歌手，实际上，他也发行过不少专辑。2008年4月3日，蔡国庆来济南宣传他的新专辑《庆祝》。

蔡国庆算是上个世纪90年代最红的男歌星了，那个时候男明星普遍长得很浓烈，唯独蔡国庆模样清风和煦，还稍带点儿港台明星的洋气。

2008年，蔡国庆来济推广《庆祝》。听说这个老牌帅哥要来，一些妈妈级的歌迷早早就在活动现场等着。蔡国庆的发型梳得纹丝不乱，衣服穿得板板正正，除了嘴巴略微不对称之外，总体来说是一枚端正的帅蜀黍（叔叔）。

还没坐下，蔡国庆就忙着给媒体派发签名照片了。在这里需要解释一下，签名照这个东

·演员张嘉倪：明星不分大小牌，我跟章子怡没什么区别。

西，是十几年前记者非常喜欢的东西。问明星索要一张签名照，到发稿时用上，显得图文并茂，粉丝们也都喜闻乐见。不过十几年过去了，明星照片多到泛滥，明星懒得送，记者们也都懒得要，签名照基本上就绝版了。如今蔡国庆这一送，仿佛时光瞬间倒回了。照片上的他很年轻，唇红齿白，记录着他最红最美的年华，忽然让人有点恍然隔世的感觉。抬头看着蔡国庆，他正带着照片上的微笑冲着你，只是，只是……那是神马情况!? 他的牙齿上挂着一个韭菜叶子，好像是中午吃饭的时候留下的。大家目瞪口呆，不知道该不该提醒他。

于是，蔡国庆牙齿上挂着一片韭菜叶子，悲催地完成了整个采访。

一个挂韭菜叶子的帅哥伤不起啊，伤不起，有木有!有木有!!

·歌手那英：一个女人，最好的化妆品、最好的健身器材、最漂亮的衣服，就是一个好的男人。

小沈阳　这个男人有点闷

2006 年，小沈阳在西部酒城演出时还没成名。2009 年 3 月，小沈阳上春晚爆红后，带着妻子沈春阳第二次到济南演出。2009 年 9 月，小沈阳再次来到济南，这一次是《刘老根大舞台》济南站的巡演。有传言说，他的出场费已经由 500 元升到了 50 万。不过，小沈阳一直不肯承认。

一句娘味十足的“嚎 ~~”，一条穿跑偏的花裤衩，一次次屁滚尿流的假摔，一支美丽的发卡——他就是小沈阳，用委婉的小身板，掀起了狂热的大飓风。我们近距离接触过他好几次，台上台下，总感觉不大像是一个人。

第一次小沈阳来济南，是 2006 年参加济南西部酒城的商演。那时，他的小品在春晚预审中被毙，赵本山为力挺他不惜和央视撕破脸，这段给力的故事让他小有名气。当时，小沈阳穿着一身浅色休闲服，给人的感觉很腼腆，记者问了好几个问题，他就只回答几个字，和挤牙膏一样，而且声音小得几乎听不见。

2009 年 3 月，小沈阳第二次来济南时，已经变得炙手可热，当时宣传的是“小沈阳个人演唱会”，但实际上他只表演了 30 分钟就匆匆离场。这一次各路媒体悉数到场，热情如火，一路炙烤着小沈阳。以为这个舞台

·主持人吴宗宪：我嘴很贱，但是我人很好。

上疯疯癫癫的男人，私底下肯定也擅长搞怪耍宝。实际上远不是那么回事，小沈阳始终很“冷艳”，礼貌中透着距离，人们这才明白，原来这个男人真如传说中的“闷”。

2009 年 9 月，赵本山的《刘老根大舞台》转到了济南，小沈阳随团而至。这一次，他的派头已今非昔比，随行的还有一大群保镖，戴着墨镜，人高马大，个子本来不算矮的小沈阳，顿时被衬得娇小玲珑。可能是有名了，吃得好了穿得也俊了，他的皮肤也显得很白嫩细致。穿戴就更不用说了，白色外套，白框眼镜，外加一个彩色 T 恤，俨然一个“白马少年”。只要一会儿看不到沈春阳，这个“白马少年”就四下探看，“老婆老婆”的喊个不停。后来寻人未

·主持人汪涵：第一年是激情，第二年是热情，第三年是感情，第四年是讲人情，到了第五年你就会在舞台上慢慢地滥情，到了第六年你就慢慢变得无情。

果，居然扒开人群，像丢了魂似的。

他的这个举动，打动了不少在场女记者的心，纷纷开玩笑地说：嫁人当嫁小沈阳。

当天晚上，夫妻俩一起演出了新段子《大话西游》和《倩女幽魂》。这一次，小沈阳忙活的满头是汗，换衣服的时候都快脱不下来了。

可能是因为来过几次了，小沈阳对济南显得熟门熟路，演出之余，还没忘了让助理去回民小区买了一些羊肉串，说是回去一边喝扎啤一边吃，挺赛的。不过，小沈阳依然很闷，舞台下话不多。小沈阳身边的人解释说，别见怪，他不是耍大牌，因为书读得少害怕说错话，加上出门前师傅特意交代：少说话少惹事。

三见小沈阳，他的低调和闷，从来没有改变过。这也许正是他的生存之道吧。

蔡依林
“地才”小天后

2009年4月25日，蔡依林来济南宣传专辑《花蝴蝶》，在泉城公园内举行新闻发布会。

蔡依林每次发行新专辑，几乎都会来济南做宣传，所以见到她已有很多次了。

2009年那次，她身穿白上衣，黑色皮裤。据她说身上的衣服是自己设计的。因为在台湾开有服装店，自己设计自己当模特，就成了家常便饭，而且还省钱，一举两得。

目测的话，蔡依林最多有80来斤，苗条而瘦小，传说中的G-CUP也没有那么显山露水。

不光瘦小，私底下的她还总是“隐身”。有一次要采访她，都快开场了也没看见她人影，最后才在角落的沙发里找到她。她还有一套独家“变脸神功”，接受采访时，她俨然一副邻家女孩的安静模样，一旦镜头对准她时，立刻就变得光彩照人，特别是那双眼睛，亮亮的，电力十足。

·主持人陈鲁豫：凭什么说我越来越瘦？其实，我一直就是这么瘦。要是越来越瘦的话，我这个人不就没有了！

眼睛是蔡依林的绝杀武器。当记者问到周杰伦时，她会瞪着那双无辜的大眼睛看着你，然后用求救的眼神望着助理。明明都知道这是一种公关策略，但还是有记者被她的眼神征服，草草结束了提问。采访中，记者还发现了一个独家秘密，就是她的膝盖处，一片一片的淤青。原来那都是练习高难度舞蹈时，蔡依林把自个儿给摔的。

蔡依林的歌迷相当可爱，他们会很自豪地告诉你，蔡依林是“地才”。所谓“地才”，是蔡依林自己发明的，意思是别人都是天才，而自己是后天努力的，所以叫做“地才”。

“地才”到底做过哪些惊天地泣鬼神的壮举呢，粉丝们会七嘴八舌地主动爆料：

她以前是个小胖墩，后来凭着强大的毅力努力减肥成了现在的模样；

她以前筋很硬，天天压腿拉筋才能完成高难度的动作；

她一直在减肥，如果助理给她买多了食物，她就会马上翻脸；

她以前胸部很小，天天啃猪蹄吃木瓜才有了如今显著的“事业线”……

采访完歌迷，你会满脑子都是地才、地才、地才……细细品味，你会发觉，蔡依林是真天才啊。

·歌手郑钧：很多歌手可以直接去做演员，张嘴不出声做得特别自然，表演能力太好了。

阿朵
云一样的女人

2009年6月12日，阿朵应某企业的邀请，现身济南某酒吧举行小型歌友会。

阿朵是“性感女神”，报纸上这么说，电视上这么说，她自己也这么说。

阿朵是个湖南的土家族姑娘，皮肤很白。但细看之下，皮肤有很多细小的褶皱。可能越是白皙的人，皮肤就越是容不得一丝缺陷。

她身材前凸后翘，感觉就像是一朵白云做出来的，软软的，白白的。在记者见面会上，飘啊飘啊就到了你跟前。

但令人意外的是，“性感女神”竟很有大家闺秀的感觉，亭亭玉立，落落大方，完全不像电视上那般豪放狂野。

可是到了晚上演出的时候，阿朵这朵大白云瞬间幻化成了狂野的猫咪，一条只到臀部的绿色流苏短

·歌手艾梦萌：在娱乐圈必须要有不要脸的才能。

裙火辣性感，加上豪放的抛胸劈叉，看得男观众们血脉贲张，纷纷掏出手机拍照录像。阿朵现场反应很快，当时她想要唱一首爱情歌曲，就问观众有没有谈过恋爱，观众们故意高声说从来没有，她一点也没有尴尬，当即向观众大喊："哈哈，见过装的，没见过这么装的。"

阿朵，云一样善变的女人，难怪在娱乐圈能过得如此游刃有余。

葛优　爷大胆儿小

2009年8月6日，葛优在北京参加新片《气喘吁吁》的首映发布会。

现在，人人都尊称葛优一声“葛大爷”。2010年底一口气演了三个名导的贺岁电影，这个名号“你值得拥有”。据说徐帆见了葛优叫他“葛大爷”，见了葛存壮叫“葛大叔”。

我们也曾有幸会了“爷”一面。葛优主演的电影《气喘吁吁》在北京举行发布会时，我们也赴京参加了。到了才发现，“葛大爷”有些“得瑟”，只接受北京当地媒体的采访，对我们这些“外来户”不感冒。一开始我们以为他是耍大牌，后来才明白，“爷”这是“害羞”呢，本地媒体熟，我们面生他不好意思。

·主持人韩乔生：中国电影“海拔偏低”，缺少大规模杀伤性的导演和演员。

葛优 /《让子弹飞》剧照

既然“爷”这么害羞，大家就放开了，纷纷“调戏”起“葛大爷”了。在电影中，他扮演的是一个骗子大款，主持人调侃他“导演怎么都找您演骗子”，他说自己长了一张适合演骗子的脸。在片中他学了不少的英文，比如说人山人海（People mountain people sea），就是导演教他的。有记者让他讲点“大胆”的事情，哪怕是坏事也行。葛优托着脑袋想了半天，吞吞吐吐说了三件小时候的事。第一件是扔“烟幕弹”，把乒乓球碾成碎末，和上辣椒面儿包在纸里，点火之后从门缝里扔进别人家里；第二件是偷玉米，结果被农民抓住了；第三件是在月黑风高的晚上，偷别人的自行车铃铛盖儿。这是葛优迄今为止最辉煌的壮举了。

“别给爆出去了，我怕别人找我麻烦。”葛优谈及此事时，依然惴惴不安的样子，丫幽默得真具体啊。

摄影 / 王海晨

郭德纲
把发布会开成相声专场

2010年8月20日、21日，郭德纲来到济南，在山东省体育中心连着演出两场，为“悠然自德·谦手十年”相声专场全国巡演宣传造势。

郭德纲演出新闻发布会是在济南电视台600平方米演播厅举行的。那一天，济南台同时有一场帅哥吴彦祖的见面会，特别得热闹。

郭德纲来济南不是一回两回了，但他这次过来，依然让很多记者甩了吴彦祖过来会他，因为又有免费的相声专场看了。人家是把“生活过成段子”，老郭是把记者发布会硬生生地给开成了相声专场。

老郭每次进入会场，都格外扎眼，虽说个头不高，矮矮胖胖的，但是霸气外露，加上大光头闪啊闪啊，躲都躲不开。老郭坐定后，一般都用小眯缝眼打量一下四周，了解他的人都知道，他这是在熟悉场子，精彩纷呈的演出就要开始了。

记：为什么会迟到?

郭：客大了欺店，店大了欺客。

·演员陈坤：一个有实力有质量的人，人家并不会计较你的个性。但是如果没有实力，你的这种狂妄的个性就是一块绊脚石。我意识到我个性很强的时候，我只能加强我的实力。

记：藏秘排油出事了之后，你以后还会代言类似的广告吗?

郭：你是某某媒体的吧？我记得你以前不这样啊……

记者们：噫 ~~

记：你买过假货吗？买到假货会去找对方要赔偿吗?

郭：我不会，因为他们都送，我不用买。

摄影 / 王海晨

记：福布斯排名显示你赚了一千万，有这么多吗?

郭：我媳妇也这么问我，说你也没拿回来这么多钱啊，我说把钱都给于谦了。

记者们：噫 ~~

记：你演了电影《三笑》，害怕票房不好吗?

郭：这部戏有 8 个投资人，赔了不要紧，大家均摊呗!

记：你现在演电影，以后打算多栖发展吗?

郭德纲：不会，天下的饭不能让一个人吃了!

记者们：噫 ~~

有记者现场恭维郭德纲什么都会，算是“杂家”，郭德纲继续抖包袱：“您那是骂人啊，杂家（咱家）是太监。”有记者调侃郭德纲跨界发展，夺人饭碗，郭德纲笑说：“你看我还没踢球呢。”谈到好相声的标准，他说：那要看相声演员开个场子，有多少人来看。一个说相声的有 12 面锦旗什么用？顶多缝一个被面儿。

老郭不是插科打诨，就是装疯卖傻，而记者们也都分工明确，有专门提问给他捧哏的，有专门在底下发出“噫”声营造气氛的。一场发布会下来，等于免费听半天的相声专场，而他不仅过了一把嘴皮子瘾，还交了不少记者朋友，算是各得其所吧。

·作家李敖：我赢了所有敌人，但是我老了。

刘谦　差点演砸了

2009年11月9日，刘谦“梦开始的地方”亚洲巡演济南站的演出在山东省体育馆举行了。当时，我们节目是那个活动的独家电视媒体支持方。

2009 年，在春晚一炮而红的刘谦举行了亚洲大型魔术巡演，没有想到的是，济南差点成了他的噩梦。因为他差点演砸，而始作俑者可能……也许……大概……就是我们节目的一个热心小观众。

那天，我们应邀前去拍摄，还有一个热心小观众也一同前往。那个魔术中，刘谦要展示的是大变活人。简单地说，就是把他自己从舞台突然变到观众席中。当时，我们的记者和热心小观众在 vip 最后一排就坐，翘首企盼着。

表演开始了，刘谦被舞蹈演员簇拥着出现在舞台中央，音乐四起，“群魔乱舞”。

“麻烦你们让一让，过道里不准坐人”。

就在我们屏息凝神看表演的时候，几个保安出现了，他们匆匆忙忙地把靠近过道的最后一排观众都清走了，说这里不可以坐人。让人不解的是，这一排全部都是焊在地上的椅子，分明就是给观众坐的。正纳闷中，忽然有一个黑影直冲我们而来，他跑得飞快，足以打破奥运会百米记录，刷刷刷，就移形换影，到了我们跟前。小观众被这突如其来的黑衣人吓了一大跳，无意识地伸手抓了他一把。说时迟那时快，黑衣人已冲破我们的防线，疾驰而去。

整个过程，仅仅用了 2 秒钟。

就在我们目瞪口呆的时候，周围爆发出一阵雷鸣般的掌声，一个小小的舞台从观众席中升起，刚才那个黑衣人赫然立于其上，只见他气喘吁吁，好像经历了巨大的磨难一般。我们仔细一看，对了，正是刘谦。原来那最后一排座位后的走廊，就是刘谦大变活人的“秘密通道”。幸好刚才小观众没有拦住黑衣人，不然刘谦今晚就悲催了。

有些事，往往差的就是一点点。

那英　那姐不好“搞”

为了宣传“那20年世界巡回演唱会”济南站的演出，那英在2010年底来到济南，在山东大厦举行了新闻发布会。

摄影 / 王海晨

［印象］

江湖传言，那英那姐是个“难搞”的人，脾气比别人大，禁忌也比别人多，不少记者都有被她“卒瓦”过的经历。

那姐之所以被称之为“姐”，绝对不是浪得虚名。她一现身，身边就有小弟小妹一大堆，染着黄头发，穿着打扮很潮。还没走到身边，就被她强大的气场给镇住了。之前有人说那英和

·演员陈道明：戏子太易蜕变，戏子之所以被人看不起，就因为这是一种机会主义的职业。当他什么都不是的时候，便低眉垂眼，四处求人，一旦红了，立刻不知天高地厚。

摄影 / 王海晨

刘嘉玲非常像，仔细一看，两人还真像失散多年的姐妹。

她对镜头很挑剔，采访开始前，她会反复确认，镜头到底照的是她的左脸还是右脸，是取的全身景还是半身景。反复确认后，她还是不放心，干脆让亲姐姐坐在刚才自己坐过的位置上，自己跑到摄像机前观察一下。毕竟姐俩长得很像，让姐姐当替身效果更逼真。直到那英觉得一切都 OK 之后，这才回到原位开始录影。

录影一开始，那英就显示出率直的本性："我是第一次来到山东开演唱会。老实说，对于传说中山东人的热情还真没有领教过，很期待 12 月 31 日那天能真真正正感受一把咱山东老乡的激情，我到时也要看济南歌迷是快热型还是慢热型，然后随时调整自己的演唱状态。"

她对待记者的提问非常严格，出场时带的那些小弟小妹们，此时都派上了用场：左边有两个负责提醒你可以问什么问题，右边两个负责告诉你什么问题不能问，还有两个站在你身后，时不时地告诉你距离采访结束还有几分钟。

时间一分一秒的流逝，有位记者终于突破重重封锁线，问了那英这样一个问题："你在访谈节目中说过，你敬林志玲酒她不喝……"

答曰："你这个问题就不该问，你这是在挑事。还有别的问题吗?"

那姐强大的天后气场，立刻让该记者偃旗息鼓了。事后这个记者和大家说，当记者这么多年，那姐这号的还真的少见，她一发话，你就忍不住唯命是从，她太邪门儿了。

刘嘉玲
美人已迟暮

2011年初，节目组受《最强喜事》剧组邀请前往北京参加首映新闻发布会，见到了主演刘嘉玲。

我们出席过很多新闻发布会，要说穿着最隆重的，就得数刘嘉玲。我们在北京见到她时，她穿一身白色的衣服，精致华丽，这身华服目测价值至少在10万左右。雍容、霸气是刘嘉玲的范儿。她身上珠宝折射的光芒，能把你的眼睛给刺伤了。不过拨拉开这些珠光宝气，发现嘉玲姐确实有点儿老了。时光拿着小刻刀，狠狠在她的脸上做着纪念，深深的鱼尾纹出卖了她的年龄，即便是天天抹她代言的SK-Ⅱ，好像也无力回天。

这个从不认输的女人，最终输给了时间。

姐虽然老了，但是姐的脑子很灵光。刘嘉玲自从嫁给了梁朝伟，两个加一起快 100 岁的人，什么时候要孩子、能不能生孩子，每每都是新闻发布会的保留问题。这次发布会当然也不例外。有个记者找到了一个很巧妙的由头，说是张柏芝把儿子带到片场玩，刘嘉玲会不会触景生情也想生孩子，刘嘉玲这样回答道：“我和张柏芝没有在片场见过面。”

嘉玲姐轻描淡写，就把问题避开了，得体又从容。

美人迟暮，想要光芒依旧，脑子就显得格外重要。

·演员谢霆锋：多说多错，索性沉默。

周杰伦　赴一场华丽的约会

[回顾]

2011年5月1日晚，济南奥体中心成了这个城市的一个绝对热点，周杰伦超时代演唱会在这里华丽开唱。

周杰伦的济南演唱会，堪称空前华丽。舞台以“未来世界”、“宇宙飞船”为主概念，2000多片的LED屏幕，360度浮空立体呈像，镭射灯光动画等高科技舞美制作，让现场歌迷眼花缭乱，饱足眼福。周董的到来，让济南的观众兴奋异常，演唱会门票从180元到2011元，几乎都被抢购一空。我们在节目里也发起了“微博抢票”活动，只要在微博上留言，就有机会获得门票。最火热的抢票出现在

·演员林志玲：我一直觉得来得快的东西，去得也快。

周杰伦济南演唱会
摄影/王海晨

四月的最后一个周末，放出两张情侣套票之后，我们的官方微博一下子收到了 14000 多条留言。

周杰伦的号召力，那天在济南得到了空前的展示。天刚黑，就能看到不断的车流和人流向着奥体的方向流淌而去。如果不知道是周杰伦在那里开演唱会，一定会以为这个城市发生了什么天大的事情。这也是多少年来济南演出市场少见的一次奇观。

演唱会现场，粉丝们更是异常狂热，年龄段从 20 多到 50 多都有，不少中年人摇头晃脑大声跟着一起唱，有的年轻小粉丝们激动得泪流满面。工作人员在场外热卖着周杰伦的签名照，100 块钱一张，粉丝们很给面子，个个争先恐后。现场近距离看周董，觉得他的个子不高，长相其实也很普通，并没有什么过人之处，但是一上了舞台，立即光芒万丈，十分耀眼。演唱会现场，座无虚席，对粉丝们来说，赶赴这样一场华丽的约会，他们等了太久太久。听说很多人一边听歌一边还开着手机，给自己没能挤进

来的朋友进行现场直播。可能是因为这样的原因，网络异常拥堵，我们负责微博直播的记者抱怨说发一张图片起码得 20 分钟。

临结束时，周董表示，明年还会来济南开演唱会。粉丝们又开心得哭了起来，不管偶像说什么，他们都愿意相信，至少相信的那一刻，他们感觉无比幸福。所谓巨星，就是能让粉丝造梦最长久的那个人。

·演员张曼玉：你说你很会煮饭、很会算账，这都是实打实的本事，可很会演戏算什么呢？

顾长卫蒋雯丽　憨夫娶巧妇？

［回顾］

2011 年 5 月 12 日，顾长卫带着老婆蒋雯丽和演员蔡国庆来济南宣传电影《最爱》。第一站是在新世纪电影城召开媒体见面会，之后又相继奔赴三家影院和观众见面。

电影《最爱》是一部展示艾滋病患者群像的电影。本来以为，这样一部沉重的文艺片，可能不会有太多人捧场。可到了发布会现场却让我们大吃一惊。导演和演员还没到，现场就已经呈现出一种极度疯狂的状态，电影厅里爆满，连走廊里都站满了人。虽然说是媒体见面会，可还是有影迷闻讯而来，有的甚至已经在此等候了一天。看来顾长卫和蒋雯丽这对夫妻档还真是人气很足。

下午 5 点，顾长卫、蒋雯丽、蔡国庆准时出现在现场，影迷们纷纷站起来，拿出相机“咔咔”拍起来。这时，后排的人不乐意了：“前面的坐下”的喊声此起彼伏。媒体人被影迷挡得无法正常拍摄，只能踩在了椅子上拍摄。三位主创面对这阵势，感觉非常惊诧，连不善言谈的顾导也一个劲地说：“济南的影迷太热情了，我特别兴奋……”蒋雯丽笑得合不拢嘴：“这是我第一次来济南，很久前就想来济南，我特别高兴。”

乍一看顾长卫，觉得他更像是蒋雯丽的叔叔。

顾导穿一身灰色的衬衫，长袖，板板正正，如果再搭上一双布鞋，不像是大导演，倒像是来收电费的。都说顾导长

得像 ET(外星人)，近看之下，觉得这话一点儿也不假，眼睛突出，眼袋奇大，还佝偻着背。他开口讲话也是吞吞吐吐磕磕巴巴的，有一个观众问他为什么要拍这部电影，他磕巴了好半天，没憋出几个字来。

但是他老婆蒋雯丽则是另外一副样子。

蒋雯丽一出场，所有人都眼前一亮：精神的短发，精致的妆容，精练的黑裙子，看起来也

·演员范冰冰：我不嫁豪门，我就是豪门。

就 30 出头的样子，实际上她已经 41 岁了。蒋雯丽是一个很容易动感情的人，有一个影迷问她："又当演员又当导演，你累吗?"见过大风大浪的蒋雯丽，竟然红了眼眶。

一个丑，一个俊；一个木讷，一个聪慧，怎么看都不像是一家人，可顾长卫和蒋雯丽的确是两口子，而且已经结婚 18 年了。

有句话叫"7 年之痒"，更何况 18 年，这个时间长度，别人都能痒两回半了。

关于顾长卫和蒋雯丽的婚姻，娱乐圈有不少传言。最有名的一个就是说：演员张静初和顾长卫的关系有些说不清道不明，张静初参演了电影《立春》，可是后来电影上映时没有她的一个镜头，就是因为蒋雯丽做主把她的戏都给删掉了……当然，这些仅仅只是传言，当事人是一直不承认的。

在现场，有一个观众问了这样一个问题："顾导，你拍摄的这部电影叫《最爱》，请问你的最爱是什么?"提这个问题时，蒋雯丽在一边低着头，蔡国庆在一边放着空，顾导吭哧吭哧了半天，也没有回答上来。后来蔡国庆打圆场说："每个人对'最爱'的理解都不一样……"

老婆就在身边，顾导却说不出"最爱"是谁，还真是个木讷的男人。但是这个木讷的男人，硬是从摄影师变成了大导演。顾长卫说，好多人都愿帮助他，难道这就叫大智若愚，大巧若拙?

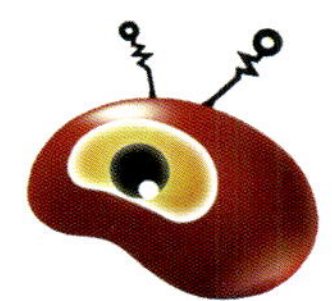

一挂星闻

有人说：济南不是个娱乐重镇。您还真说错了。别的不说，光在《有一说一》镜头里出现过的明星，那都能论筐数、论斗量了。许多明星虽然都是匆匆来去，却依然逃不过我们外采小分队的无敌追踪术，爆料没有结束，我们精彩继续。

张含韵

超女快男闯济南

自从 2005 年超级女声横空出世之后，选秀明星成了娱乐圈不可忽视的新生力量，超女快男算是和咱们济南非常有缘分的一批人，几乎人人都到泉城遛过一圈。

张含韵　娇嗲公主遇冷记

张含韵是第一届的超女，在 2006 年左右，她算是火过一把，打开电视，到处都是“酸酸甜甜就是

·已故演员伊丽莎白·泰勒：成功是一种了不起的除臭剂。它能带走所有你过去的味道。

张含韵

我”。不过 2007 年 2 月 13 日，火火的张含韵来济南时，却彻彻底底的遇“冷”了一回。张含韵在超女比赛过后一直没音乐作品问世，因此试图转行做主持人。那次来济南就是为了录制一档节目叫《天下无双》。当时她居然迟到了 40 多分钟，害得观众和记者们一直干等着。惹恼大家的下场是：整个发布会，没有一个人搭理她，把她彻底晾在了台上。

李宇春　人见人癫

都说李宇春的皮肤好，2006 年她来到济南，见了真人才知道，什么叫超级好。别的明星还能看见个痘啊、印啊什么的，她脸上光洁溜溜，像剥了壳的鸡蛋。

·演员谢霆锋：脆弱的人才会总想过去。

2006年10月11日，在山东剧院，超女李宇春为“玉米”们签售自己的新专辑《皇后与梦想》，吸引了5000多名“玉米”，年龄最大的都71岁了。那天，李宇春穿着红色T恤，显得肤色白皙。宣布活动开始时，李宇春大步流星就跑出去了，保镖一下子都没跟上。旁边的记者感叹说：这走路还真像个假小子。

玉米们爱李宇春，爱到了骨头里，他们筑起了人墙，把板凳都给踩坏了，现场还差点发生了踩踏事件；就连记者都陷入了癫狂，有几个为了近距离拍摄，居然和保安大打出手；主持人为了维护秩序，喊得嗓子沙哑，口水差点把话筒喷坏了。有人说李宇春肯定是昙花一现，可是，两年后，2008年李宇春再来济南时，场面还是很火暴，一如既往的人见人癫。

·女优苍井空：我脱光衣服躺在镜头前，是为了生存。而你衣冠楚楚的站在镜头前，却只是为了私欲和欺骗。

后来李宇春变了造型，穿上了裙子，玉米们仍旧为之神魂颠倒。在《十月围城》里的男孩扮相，玉米们也能看出些许女人味。最近，李宇春发布了最新的定妆照，纵使斗笠半遮肤色黝黑，玉米们硬是看出了肌肤赛雪白。

在玉米的眼里，李宇春怎么看怎么好，真是“我的眼里只有你没有他”。

周笔畅　惜字如金

周笔畅来过济南好几次，其中有一次是 2006 年来济南宣传电影《春田花花同学会》。她不善言谈，从开始采访到结束，不到 10 分钟。在影城做活动时，周笔畅显得很是文静，照常

周笔畅

惜字如金。几乎所有的问题，她都能用单词来回答。热情的笔迷们不管偶像回答什么，都以尖叫声来表示拥护，于是就有了非常精彩的采访盛况。

记者：笔笔，你拍片的感觉如何?

周笔畅：新奇。

粉丝：啊 ~~

记者：首次接触电影感觉怎样?

周笔畅：很好。

粉丝：啊，啊 ~

记者：准备签约什么样的公司呢?

周笔畅：没打算。

粉丝：啊，啊，啊 ~

记者：近期有什么打算呢?

周笔畅：不清楚。

粉丝：啊，啊，啊，啊 ~

据说采访完周笔畅，记者们除了满耳都是尖叫声之外，几乎没法完成采访任务：报刊记者哀怨地把大幅报道写成了豆腐块，电视台记者默默地把专题改成了小新闻。

那次，有个笔迷因为迟到没见着偶像，在影院号啕大哭。迷恋的狂热可见一斑。

2009 年 6 月 27 日，周笔畅再次来济南，宣传新专辑《时间》。当时济南 40 度的高温，和歌迷们的热情相仿佛，他们从四面八方赶了过来，包括大连、青岛、烟台、威海等地。活动地点在泉城路泉乐坊，舞台两边五米高的围墙上全都聚满了人，舞台另一侧的阳台上也是人头攒动。为了维持现场秩序，有关部门正要考虑是否需要封街时，却发现粉丝早已把现场四周都挤得水泄不通，导致步行街自动封街了。

·演员赵薇：芝麻大小的事，总会被渲染成西瓜。可是芝麻就是芝麻，不会被榨出西瓜汁的。

陈楚生　楚公子的妥协

2010 年，和天娱打了许久解约官司的陈楚生推出了新专辑《冬去春来》。为宣传这张专辑，人们特别策划了一个“陈楚生和咪咕的朋友们百校巡演”的活动。那年 6 月 2 日，陈楚生巡演到了济南。他当时穿一件白色的 T 恤，据他说自己最喜欢的就是白色 T 恤搭配牛仔裤这样的装扮，看起来不像是在社会上漂泊多年，反而显得安静内敛。陈楚生下午到济南电视台

陈楚生

·歌手李宇春：巨星就是巨大的猩猩。

做客我们节目，晚上又在山东财政学院举行了自己的歌友会。

楚公子的名字有点来历，据说这个叫陈楚生的快男，有着公子一般的翩翩然、淡淡然。在我们这里做节目时，发生了一件火暴的事情：节目临时被喊“CUT”，一度终止录制十来分钟。

楚公子做访谈，比我们想象中还要少话，其程度堪比周笔畅，愁得主持人刮肠搜肚地没话找话。访着访着，陈楚生的女助理突然跳出来打断了录制，理由是：这些问题事先没有沟通。节目突然中断，女制片、女责编、女编导哗啦啦地围了上来。陈楚生像一个受了惊吓的小鹿，惶恐地望着一群女人嘈杂成一片。他其实不知道，女人们在一起讲话，都是清一色的高八度。你以为她们是在买菜，其实她们是在谈心；你以为她们是在吵架，她们其实是在讨论。

10分钟之后，女人会谈结束了，讨论的结果是：陈楚生放开一点，录制继续进行。

楚公子向一群女人投降，像换了一个人似的，用着极不熟练的热情拼命聊天，还大秀耳洞，大谈闷骚心路，整个人透着一股子不同寻常的亢奋，让人看着都觉得惶恐，真是难为了他。

采访结束后，工作人员和陈楚生握手道别，说他握手的方式很有力，透着实诚劲儿。

曾轶可　她还只是个孩子

2009年快女10强诞生之后，湖南卫视集合10强选手于7月26日来到济南，在泉城公园生态广场举办了一个小型的献唱会，算是为快女比赛做宣传和拉票。曾轶可是其中比较会讨记者喜欢的快女，面对每一个记者的提问，她都会用绵羊音说“谢谢记者的提问”。

当时有传言说，其他的快女都不大待见曾轶可。在活动现场，我们也看到快女们的确不大理曾轶可。大家都是三五成堆地聊天，唯独曾轶可一个人很无聊

曾轶可

·已故演员张国荣：听说猫有九条命，但电影演员可以超过九条命，每一部电影就是一个生命。

地玩手机。不过在采访环节时，形势就发生了大逆转，曾轶可身边全是记者，别的超女冷冷清清。

近看曾轶可，长得的确有点儿像史泰龙，不过一开口就是一副受惊害怕的小绵羊模样。不管记者问什么问题，她都诚惶诚恐，用独特的绵羊音不停地“嗯”……“嗯”，等到“嗯”得记者快崩溃时，她会马上想起来什么似的宣布：“我不知道怎么说，等一会儿再回答吧。”

记者们哭笑不得。

后来记者问她，对自己引发的争议有什么看法，她刚要“嗯”，经纪人就迅速抢过话筒说：“没有争议，只有风格不同。”事后，经纪人私下对记者说，曾轶可还是个孩子，不会回答那么复杂的问题。

曾轶可

·歌手吴克群：希望女友要有胸又有脑。

名嘴轶事

《有一说一》开播以来，见过不少名嘴。他们在荧幕上正襟危坐，一本正经，私底下是什么样的呢？现在我们将和大家分享的，就是名嘴们台面下的故事。

戴军 资深话唠

2005年9月7日，作家秋微在泉城路的新华书店举行新书签售会。作为秋微的好友，歌手戴军成了站台嘉宾。戴军特别能说，也特别会说，他这样称赞秋微："一个谜一样的女子，一个会作曲、会填词、会写锦绣好文字、会做生意、会开快车、会喝二锅头、唱歌像齐豫……一个生活在21世纪的张爱玲式的女子。"这番话，夸得秋微非常开心。

因为此次济南之行纯属私人行为，加上不能抢了秋微的风头，所以他的经纪人三令五申，要求对戴军尽量少报道，采访时不能问恋情，不能问工作，不能问家庭……总之什么都不能问，一番话听下来，真真难倒了记者。

秋微的采访开始了，戴军坐在一边陪着，采访完秋微，记者把话筒递给了戴军。

记者说："戴军，你好。"

戴军说：……（此处略去100字）

戴军又说：……（此处略去1000字）

·演员陈冠希：她（妈妈）说你三岁时就已经是个艺术家。我希望有一天我能做一个展览，把我三岁时的画都拿出来。我觉得艺术家开始表达自己的时候就是创作的开始。

戴军还说：……（此处略去10000字）

戴军说啊说啊说啊，天色渐渐暗去，夜色中依稀看见记者的手在颤抖，心里默默地流泪，而戴军的经纪人早已不知去向。

杨澜　神秘鸽子蛋

2007年4月7日上午九点半，杨澜来济南泉城广场参加慈善活动“同系爱心结”，现场早就给围得水泄不通。杨澜穿一身浅驼色的套装，身材姣好，皮肤超级紧致，化着精致的妆容，比电视上还要漂亮许多。最醒目的是她手指上戴着一颗闪啊闪啊的大钻戒，目测不小于章子怡的那颗鸽子蛋。当时《色戒》还没有上映，还没有“鸽子蛋”这个称号。现在想起来，杨澜可能是我们见过的戴“鸽子蛋”最早的明星了。

据说，去年杨澜开了一家珠宝店。在开业的当天，她邀请了章子怡和刘嘉玲当嘉宾，这两位的“鸽子蛋”据说在亚洲女星中都排得上号，仨人在一起，成了不折不扣的“鸽子蛋俱乐部”。当天杨澜非常豪气地赠送给两位不菲的钻石，大家姐妹相称，好不亲热。

看来男人是以酒交心，对女人来说，则是以“钻”会友。

·著名评论员李承鹏：“白领”就是工资领了也白领。

刘仪伟　这个男人好难搞

2007年底，风靡一时的贺岁片《爱情呼叫转移》推出续集《命运呼叫转移》，导演是“名嘴”刘仪伟。当时正值新世纪电影城的一家分店开业，于是邀请刘仪伟带着剧组过来助阵。那时候，他已经离开央视，转行当了一个半玩票的演员和导演。

见面会之后，刘仪伟在影城做了一期《有一说一明星会客厅》。荧幕上的刘仪伟总是笑容可掬，不标准的普通话显得亲切又可爱。不过真的见到了他，却让我们大呼意外——他算是我们采访过的最搞不懂的人了；无论问他任何一个问题，他都耍着嘴皮子不愿回答。

他总是慢条斯理的，而且处处充满怀疑；不管你问什么问题，他都觉得这是一个阴谋，不好好回答你。当时主持人是黑月静，对他的态度很生气，觉得他不真诚，防范心很强。

问他口才怎么练得这么好，他拐弯抹角地不愿回答；问他当演员的心得，他绕着大弯就给躲掉了……整个采访过程，刘仪伟都在闪闪躲躲、拉拉扯扯，把主持人绕得筋疲力尽，却始终一无所获。刘仪伟到底在防什么，至今仍然是一大谜案。

·中国音协流行音乐学会秘书长金兆钧：我认为在电视上传播五音不全，就是一种犯罪，简直是把全国人民都当傻子！

倪萍　洗尽铅华的煽情女王

2010 年 3 月，倪萍主演的《月嫂》即将在济南电视台播出的前夕，我们去北京梅地亚中心采访了她。倪萍穿一身黑色的衣服，脚蹬一双款式上完全看不出性别的黑皮鞋。她还专门强调说，别看这一身挺土的，但都很贵。她特别骄傲自己的绘画功底，还特意拿出来给我们展示。倪萍刚刚出了一本《姥姥语录》，就更忘不了抓住一切时机为新书做宣传。

说实话，一见到倪萍，记者们都吓了一跳。

眼前的倪萍老得很厉害，脸上没有半点妆，皮肤浮肿而松垮，眼线歪歪扭扭的，似乎没有专业的化妆师打理。因为是在一个开放式的场合采访，来来往往有很多的人走动，不多一会儿，倪萍周围就聚集了看热闹的人。

“这是谁啊?”

“倪萍。”

“啊 ~”

知道了眼前这个人就是大名鼎鼎的倪萍，每个人的脸上都露出一种诧异的表情。

真是世事难料啊。在很长一段时间内，倪萍是在电视上光鲜亮丽的主持人，她伴随十几亿中国人度过每一个重要的节日。在她最红的时候因为忙于主持，想见她一面比登天还难。可是现

·演员詹妮弗·安妮斯顿：生活中没有遗憾，只有经验教训。

在，她近在咫尺，却没多少人能够认得出来。

采访开始了，倪萍开口说话了，她讲了一个关于月嫂吃苦受累、艰辛度日的故事。

才讲了个开头，公司的老总就哭着走开了；

讲到三分之一，在一旁的月嫂已经泣不成声了；

讲到一半，倪萍自己也哽咽了。在场的记者们没有一人敢认真听这个故事，怕稍微听进去了，内心的防线立马崩溃，和大家哭作一团。

倪萍什么都变了，只有煽情没有变，它让我们依稀找到了似曾相识的感觉。

·主持人赵忠祥：我在央视一线工作，如果有事情出去做，台里是允许的。但是为了自己的私事要请假，请假要找副组长、组长、副处长、处长、主管副台长逐个签字，这很麻烦。

摇滚明星

摇滚明星给你什么样的感觉，冷酷？狂野？不羁？其实私底下的他们，也许并不是你想的那样，牛仔喜欢喝牛奶，强盗喜欢泡泡浴，这个世界永远有你猜不到的真相。

许巍　哥不是故意的低调

2006 年 3 月 16 日，许巍来到济南宣传新专辑《在路上》。发布会下午两点开始，许巍准点到达，让习惯了明星总是迟到的记者们倒有点不大习惯。之后，他又在山东经济学院举行了“山东校园演唱会”。许巍话很少，显得格外神秘。记者问他：“唱歌以外的生活是怎样？”他回答：“和大家一样。”“有什么业余爱好？”“没有。”“常年在外与妻子的感情怎样维持？”“和你们一样，打打电话。”只字片语，更是激起了记者刨根问底的欲望。但是他风格如一，问了也是白问。

很多人喜欢听许巍唱歌，也喜欢他的为人处世，觉得他很低调。这年头越是大牌越低调，低调是一种美德，也是一种质感。

接受完我们的采访，许巍的下一站是去电台宣传。许巍的粉丝们都等在电台门口，一副望眼欲穿的模样。等他和助理下了车，畅通无阻地从粉丝眼皮子底下进了门，粉丝们依然在门口很焦灼地四处张望：

“许巍到底什么时候来啊？”

“不知道，再等等吧。”

哥很低调，但真的不是故意的。

·已故演员伊丽莎白·泰勒：我们都不过是“美”暂时的看管人。

张震岳 帽子里的秘密

2007 年 7 月，张震岳来济南宣传新专辑《Ok》。他是一个人来疯，曾经在演唱会上一时兴起，把裤子给脱了。后来他说，自己也没有料到会脱裤子。我们采访张震岳之前和经纪人有过一次沟通，经纪人面露难色地表示，还是别采了吧。真的，不是我们不配合，就算采了，你们电视台也不能播。那个，阿岳说话比较那个……大多数的片段可能都要做消音处理。

经过了激烈的思想斗争，记者最终还是在责任感兼好奇心的驱使下，冒险一试。见到了张震岳后，发现他还是很冷静的，很有礼貌。

记者注意到，张震岳总爱戴帽子，无论春夏秋冬，他都必戴一个棒球帽，酷酷的冷冷的，让你看不到他的眼睛，也猜不透他的内心。于是我们好奇地问他，为何总是戴着帽子。没想到张震岳冷不丁就把帽子给摘了，吓了我们一大跳：原来他头上有个很大很大的包，是小的时候调皮给磕的，戴帽子是为了遮盖这个奇大无比的包。

原来，摇滚歌手并不总是在装酷，有的时候是因为有难言之隐。

·歌手陈羽凡：马粪问题一屁兜就解决，还能再利用；和尾气、能源问题比起来，当然骑马好一些喽！

戏里戏外

我们济南电视台每年会购买很多首播电视剧，主演主创们都把这里当作宣传阵地，于是一波一波的明星来了走，走了来。因为《有一说一》有机会近距离接触明星，也了解了很多明星不为人知的戏里戏外的双重人生。

《铁齿铜牙纪晓岚》

这部戏的大部分镜头都是在冬天拍摄的，我们到北京怀柔影视基地探班，见到了几位主演。

张国立是个闲不下来的人，在片场演员的吃喝他要操心，导戏他要反复讲解。除此之外，他还得背自己的那段台词。好不容易有点空，他还拿着相机到处追着鸽子拍，耗光了中午难得的休息时间。但是他很快乐，一直笑嘻嘻的。看来，多动症是一个人成功的前提条件之一。

·演员章子怡：我现在不缺物质上的东西，我缺的是自由和快乐。

王刚的脸肉嘟嘟的，看起来慈眉善目，很好说话，实际上他是一个很严格的人。采访前，王刚说你们可以采我 10 分钟，这 10 分钟内什么问题他都回答。但是时间一过，他翻脸不认人，你喊他王老师，他都不答应。看来采访王刚，要带一个走得很准的表。

袁莉在《铁齿铜牙纪晓岚》中，演的是大大咧咧敢爱敢恨的小月，私底下的她，性格也大抵如是。她可以毫无顾忌地告诉大家，在剧组中不欣赏张铁林，觉得他咋咋呼呼的没有内涵。而王刚是她最欣赏的演员，因为王刚懂的东西很多。

袁莉直爽得让人觉得很过瘾。

《铁齿铜牙纪晓岚》剧照（张国立、张铁林、王刚）

《天大地大》

2008 年 3 月 19 日，电视剧《天大地大》的编剧高满堂带着主演何冰、罗海琼和张少华做客我们的《明星会客厅》。那时候罗海琼看起来黑瘦黑瘦的，相貌很普通。当时她不巧感冒了，录制过程中，一度咳得差点背过气去，节目专门停录了 5 分钟，让她结结实实咳了个够。

罗海琼

·相声演员郭德纲：我特别想问一下这些专家，除了骂闲街串闲话嚼舌头之外，您各位到底有没有吃饭的手艺？

《牌坊下的女人》马雅舒

当天晚上，罗海琼要赶回北京的偏远小山沟里拍戏，当时我们都说，这个小姑娘挺不容易的。2010 年，忽然传出了罗海琼结婚的消息，她嫁给了华谊的副总裁费麒，成了黄晓明、李冰冰等人的老板娘。大家感叹，原来河西和河东，不需要等三十年之久。

《牌坊下的女人》

《牌坊下的女人》也是在还没有杀青的时候就被我们济南电视台购买了首播权。2008 年 6 月，我们去横店影视基地探班。片场很大，全是一派江南风格的建筑物。马雅舒在剧中扮演一个痴情女子，哭戏很多，她表示自己现在是个很开心的人——因为眼泪都在戏里流光了。

拍那部戏时，马雅舒的丈夫还是吴奇隆。我们问她为什么没有操办婚礼？她满不在乎地回答，反正在戏里已经结了很多次，没有必要非得搞个仪式。两年后，马雅舒和吴奇隆离婚，火速嫁给一个老外，并且操办了一个豪华的婚

·演员姚晨：爱是夜晚你留在我枕边的一杯水。隔了夜，还是纯净的。

礼，昭告天下：她结婚了。女人往往是心口不一的。

采访邓萃雯的时候，天已经黑了，见我们还在等她，一脸的不好意思，表示会好好配合我们的采访，方便我们早点吃饭休息。于是她打开话匣子，大料小料都倒给了我们，半小时不到，我们便喜笑颜开地告别了。但是，在后期剪辑时，工作人员却笑不出来了：这一口不标准的普通话，到底说的是什么呢……

《牌坊下的女人》海报

《媳妇的美好时代》

《媳妇的美好时代》在全国都掀起了收视热潮，济南电视台购买了该剧，收视效果良好，主演海清一举成名，还被冠上了“国民媳妇”的称号。我们专程赴京采访了这位毛豆豆的扮演者。

在剧中，毛豆豆浑身透着机灵劲儿，海清本人则大不一样，柔柔的弱弱的，说话的声音小得你几乎听不见。海清说她上学的时候，一度胖到120斤，体形魁梧加上性格豪爽，荣获了“豪哥”的称号。反正她说的，她演的，都不像眼前的这个她。

《媳妇的美好时代》剧照

拍摄完《媳妇的美好时代》，

·演员佟大为：以后，像《奋斗》里那样的亲热戏，我可免则免吧，省得女儿长大后指着电视机质问我，“为什么亲别的阿姨！”

黄海波被誉为中国女人最想嫁的男人。我们问他有没有女朋友，他的小眼睛透出了狡黠的光芒，他神秘地说这种事不能透露。不过现在，黄海波和莫小棋的恋情尽人皆知，看来他的保密工作还是不到位啊。

《杜拉拉升职记》

《杜拉拉升职记》是一本风靡全国的职场小说，同名电视剧《杜拉拉升职记》由李光洁和王珞丹主演，济南电视台影视频道购买了该剧的首播权，并把它作为 2010 年暑期档的主打剧。5 月 6 日，王珞丹和李光洁来到济南电视台做客。

之前，电视剧《当爱已成往事》开播时，曾经邀请过一次李光洁，当时他和郝蕾的离婚事件正闹得沸沸扬扬，对公开露面很敏感，最终没有成行。

王洛丹本人很黑，却代言了某品牌的美白产品，宣传《杜拉拉升职记》时，公司的人都笑话她，说那个品牌不是砸自己招牌吗？王珞丹在济南似乎有不少朋友，回民小区、鱼翅皇宫，顿顿都有人请。小王同学还有个怪癖，有反光的东西对着她就睡不着，在宾馆休息时，非要用浴巾盖在电视机上。这个举动有点儿让人想不通：晚上起来上厕所，看见一个白浴巾挂在半空中，岂不是更恐怖？

王珞丹接受栏目采访

拍《杜拉拉升职记》的时候，李光洁和王珞丹传出了绯闻。在发布会上两人也显得有些暧昧：王珞丹说之所以演这部戏，是因为剧组

·主持人倪萍的姥姥：哪儿的肉皮都好撕开，就是脸皮不好撕。撕一块儿你试试？这一辈子脸上都有块儿疤。

《杜拉拉升职记》海报

定了李光洁；而李光洁更是直接，大呼没见过像王珞丹这么会演戏的演员。电视剧宣传完了，王珞丹却说不可能和李光洁谈恋爱，而李光洁也说王珞丹不是自己喜欢的型。

《包青天之七侠五义》

2010 年 7 月 22 日，电视剧 2010 版《包青天之七侠五义》在济南电视台首播，铁三角“包拯”、“公孙策”和“展昭”齐聚济南电视台。金超群、范鸿轩、何家劲等人，更是表现得特别活泼。

何家劲在济南宣传《包青天》时，说得最多就是“盒饭”。整个过程中，他一直追问我们有没有给他的粉丝们准备盒饭。得知粉丝们还没吃饭，他赶紧派人专门去买了来。给粉丝买

·演员秦海璐：找男朋友一定要找个真正有钱的人，我不会要只有名而没实质的男人。

盒饭，这是我们遇到的第一人。现在的粉丝最流行的叫法是“饭”，看来何家劲的“饭”真幸福，因为偶像真的管饭。做完活动，何家劲还做东请几十名粉丝在山东大厦吃了顿大餐，场面很轰动。

金超群饰演包青天总是黢黑黢黑的扮相，其实他本人超级得白，像一个胶东大馒头。金超群演过各个版本的《包青天》，加在一起超过了 600 集，他最喜欢和何家劲、范鸿轩在一起搭档，因为仨人关系很好很默契，凡事都是“金哥”拿主意，“公孙策”范鸿轩提建议，“展昭”何家劲去实施。

《包青天》海报

·主持人陶晶莹：不管你眼睛比我大多少，我们看出去的世界是一样的；不管你胸部比我大多少，我们一样都可以喂饱自己的孩子；不管你屁股比我翘多少，还是只能穿一条裤子。

《郎心如铁》

2010年9月16日，电视剧《郎心如铁》在济南电视台首播前，主演凌潇肃、唐一菲和巍子的儿子王子义现身济南，为电视剧宣传造势。凌潇肃和唐一菲一致表示，该剧组是他们遇到的最和谐剧组。当时还没有传出凌潇肃离婚的传闻，有记者问到是否介意谈谈姚晨的现状时，凌潇肃当即表示："介意，最好不谈。"唐一菲则对"性感"一词提出了自己的看法：性感是对女人特别高的褒奖，但是在中国却被妖魔化了，现在非常抵触别人说她性感。后来，凌潇肃婚变后，他和唐一菲在《郎心如铁》剧组的许多亲密照被爆出，并有传闻说俩人就是因为这部戏日久生情的。

《郎心如铁》剧照

在《郎心如铁》中，凌潇肃是个时尚的都市男青年。不过经纪人说他私底下不修边幅，最喜欢穿着大裤衩出门。这次来济南，经纪人怕他丢人丢到济南，命令他换上正式点的衣服……结果他穿着衬衣就过来了，说这就是他最好的衣服。

唐一菲本人很性感，前凸后翘，该有的很有，不该有的一点没有。剧组的人都叫她"蛇妖姐姐"，因为她的气质和长相，和《葫芦兄弟》里的蛇妖一模一样。曾给她过拍照的男记者幽幽地说：如果我是凌潇肃我也喜欢她，这个女人太迷人了。

·乒乓国手孔令辉：她（马苏）说受不了看我比赛的紧张，我受不了看她演戏的矫情。

《铁梨花》

2010 年 11 月 25 日，济南电视台举办“2010 感恩盛典”，陈数和巍子凭借电视剧《铁梨花》获得济南地区 2010 年度最受观众喜爱的男女演员大奖，专程前来领奖并祝贺。领奖当天，陈数在现场一再地感谢观众，巍子也说金杯银杯不如观众的口碑。看来，两人不仅戏演得明白，做人也都是明白人。

《铁梨花》剧照

·已故演员张国荣：人总是要为某些事情妥协的，毕竟我们不是活在孤岛上。

《后宫》

2011 年 2 月，济南电视台购买了《后宫·甄嬛传》的播映权，我们奉命前往北京探班。

这是一部大型的宫廷剧，群星云集，齐聚了孙俪、陈建斌、蔡少芬等一线演员。记者赶到颐和园，探班最后一场戏“皇帝率领众嫔妃欣赏冰上惊鸿舞”，拍摄现场就在园内零下几度的一段结冰的水面。

蔡少芬当时已经怀有身孕，为了不影响剧组拍戏，她一直站在冰面上接受采访，腰杆子笔挺笔挺的。听说过 TVB 演员非常敬业，没想到如此敬业。

拍摄完记者还和剧组一起吃了杀青饭。

《后宫》海报

·作家韩寒：你身在江湖，但江湖上一直没有你的传说，这也挺惨的。

《后宫·甄嬛传》是网络上一部很热的小说，网络点击破亿，根据小说改编的电视剧也顺理成章地成为 2011 年备受瞩目的一部年度大戏，算得上未播先红。

《天涯赤子心》

《天涯赤子心》于 2011 年 4 月在济南影视频道热播，我们前往北京采访了两位小主演。采访完毕后，陆子艺和孙天宇的家长还寄来了签名照，当时有很多观众发短信索要。观众领签名照的事情在节目的官方微博上发布以后，两个小童星非常关注，看来两个孩子对演艺事业还是非常上心的。

在剧中，俩人的演技几乎到了出神入化的地步，让哭就能马上给哭出来，还能哭得肝肠寸

《天涯赤子心》剧照

·演员张柏芝：我想养狗可以带给我安全感，它们忠心，永远都会在那里，又不用想它们心里在想什么，不怕它出卖你，是一种很简单的关系，不像人和人之间那样复杂。

断地动山摇。

别看小演员在剧中以泪洗面，但是只要一下戏，就是俩活宝。特别是孙天宇，小媚眼飞个不停。当时恰逢男主角冯绍峰和杨幂传绯闻，我们套他俩的话问认识杨幂吗，俩小孩子纠结了好一会儿，终于说认识，但接着就强调只是在电视剧中见过。我们乘胜追击，问杨幂有没有来探过班，两个小鬼马上否认。但从他们脸上似笑非笑的表情来看，似乎有点欲说还休的意思。

两个小鬼虽然年纪小小，却早早进入了大人的世界。

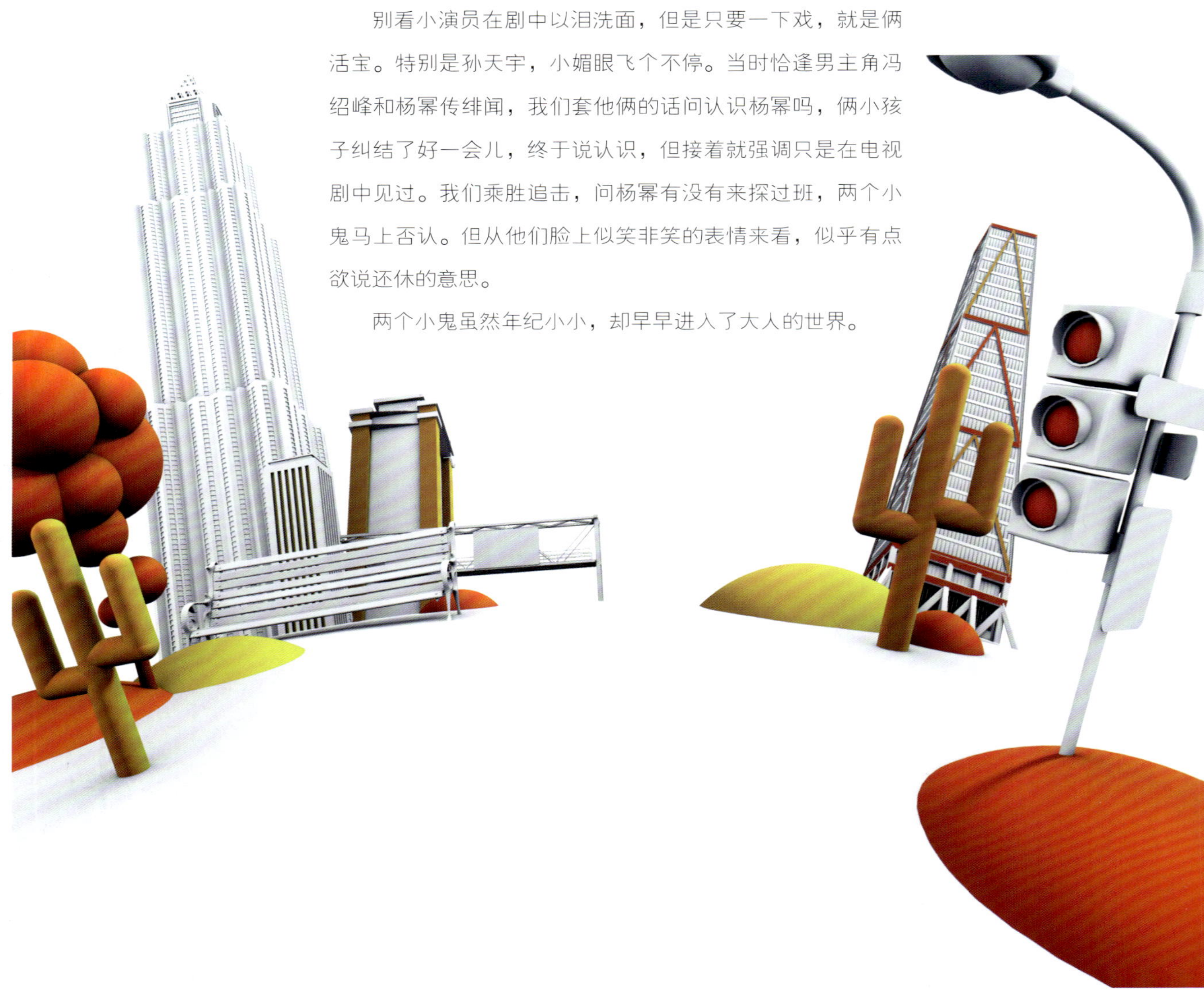

·演员谢霆锋：越来越红，知道你的人越来越多，了解你的人越来越少。

说点正事

[题记]

小虫有话说：经常有观众问我，你每天晚上都说：有一说一，说点正事。你都说了2000多个正事了，怎么就你老是这么有正事呢？唉，这也是我一直想问的一个问题，亲爱的编导们，你们到底从哪搜罗来这么些奇奇怪怪的正事啊？趁着今天太阳正好花正红，你们就招了吧。

·主持人戴军：其实爱情就像两个拉皮筋玩的小孩，最后受伤的总是那个不愿意放手的家伙。

群群在济南电视台／每天面对着电脑、镜头，穿梭于机房、演播室，偶尔看到繁花似锦的景象，便忍不住俯下身感受自然的气息

群群：首席编辑记者，外表斯文清秀，下笔犀利狠辣，最擅长揭开娱乐圈虚假华丽的层层画皮。

代表作品：《明星假唱》、《韩流来袭》。

编导手记：

经常听人这么感慨：《有一说一》这个节目太八卦了，太敢说了！但是感慨完之后，下个问题八卦的小火苗便噌噌地窜了出来。“那些东西你们是怎么知道的？”其实，每天在喧闹浮夸的娱乐新闻中游荡着，我们大海捞针一般找寻着那些观众爱听、爱看、爱不释手的事。明星做好事，一定要给他留名。但明星若想“偷个瓜摸个枣”，那就别怪我们笔下不留情了。

记得看过这么一句话：人世间最痛苦的事情，莫过于八卦都到了嘴边了却无人倾听。我始终相信，孤独的八卦是可耻的，一个人的娱乐是无趣的，能跟观众共享明星的秘密才是最快乐的。

·已故歌手迈克尔·杰克逊：别担心我，我要睡觉了。

稿件节选：《韩流来袭》

一提起韩国，很多人最先想到的可能就是浪漫唯美的韩剧，青春靓丽的韩星，我们习惯把这种韩国娱乐文化称之为“韩流”。但是随着大家对韩国娱乐圈了解得越来越多，人们惊奇地发现，它并不像韩剧那般唯美浪漫。

2007 年，韩国媒体爆出了一份著名的 X 档案，纪录了很多明星的丑闻。X 档案上这样爆料说：因为《冬季恋歌》走红的裴勇俊，看上去温文尔雅，其实私底下喜欢打人，他所属的经纪公司有 30 人挨过

·作家李敖：我骂人的方法就是别人都骂人是王八蛋，可我有一个本领，我能证明你是王八蛋。

他的拳头；因为《美丽的日子》走红的李秉宪，不仅水性杨花而且极其吝啬；张娜拉喜欢耍大牌，经常漫天要价；权相宇成名前曾经当过牛郎，还被富婆包养过；大长今李英爱喜欢到牛郎聚集的地方喝酒，还曾经吸食过毒品。虽然后来涉及的韩国艺人们纷纷出来澄清，但是这些丑闻还是让他们形象受损。

韩国娱乐圈"陪睡"的现象也极为严重。韩国媒体曾搜集到一份韩国企业高管包养女艺人的协议，女艺人根据名气价钱各有不同，新人的包养价是每月几千万韩元，而人气女星的包养费每个月则要数亿韩元，其中包括正当红的全智贤、李多海等女星。2010 年 8 月，有一个叫林韦伶的台湾女歌手出了一本书，大爆自己在韩国娱乐圈的悲惨经历。林韦伶说，自己在韩国待的三年里，不是被公司压榨，就是被要求陪睡，差点被逼到自杀。

前不久，韩国某乐队主唱在饭店吃饭时，在喝醉的状态下，当起了小偷。但是他仅仅是跑到饭店的厨房里偷了 1.5 公斤牛肉，约人民币 1700 元，之后该主唱被警方逮捕。

韩流刚开始来到中国的时候，我们确实看到了不少好看的韩剧，也听到了不少好听的韩国歌曲，体会到了不一样的韩国风情。但是当我们在喜欢之余，试图去了解韩国娱乐圈的时候，才发现所谓的浪漫唯美，其实可能只是韩国明星们编织出来的一个梦。

·歌手李克勤：最好不要入娱乐圈吧，比当警察更危险。

小燕：自诩风华绝代小燕姐，最擅长知音体浮夸文风，娱乐圈边边角角大小八卦都能被华丽丽全景展现。

代表作品：《娱乐圈灵异事件》、《宅男女神》。

编导手记：

我的八卦，绝非是浪得虚名。

11 岁时，我就知道向大人打听张艺谋和巩俐那点事儿；16 岁时饿着肚子攒钱买明星不干胶贴满整整 4 个硬皮本；21 岁时电脑里全部都是港台综艺电视剧电影……当我活到 26 岁的时候，我把我的爱好变成了我的工作。

不过真正成为了一个编导，你会发现你被电视绑架了：你 24 小时不能关机停机；收视率的曲线会影响你心情的曲线；看任何一个别的节目，会忍不住琢磨它的构思和拍摄手法……

在《有一说一》工作 4 年了，它扎扎实实地融入到了我的生命中。

今年我 30 岁了，我爱的《有一说一》7 岁了，书上架时差不多是我过生日的时候，我的生命轨迹终于和《有一说一》接轨了。还有，如果谁忘了给我送生日礼物，我就提醒他我们《有一说一》出书了，想想就开心。

小燕在上海影视基地/快乐，就是花艳艳、草绿绿、人灿烂

稿件节选：《宅男女神》

网络上曾经举行过关于“女神”的票选，让人感觉到很纳闷——现在还有“女神”这种稀有物种吗？美国的自由女神像，自从公布了每年被雷劈中600多次的数据后，形象已经幻灭了；娱乐圈中，王菲也撕掉了“女神”面纱，露出了“女神经病”的本质，这网友们选的究竟是何方“女神”呢，答案就是宅男女神。

苍井空

“宅男女神”这个词源于台湾，是指宅男们在上网玩游戏之余，在网上鉴赏和相互推荐各类美女。被宅男们钦点的美女们，个个美其名曰“宅男女神”。“童颜巨乳”，是宅男最爱的类型。就拿瑶瑶来说，凭借着一个电玩广告，拥有33E丰满上围的她一炮而红。瑶瑶红了之后，上节目开始把丰胸往严实里包了，这让主持人非常不满，还严肃地提出了抗议，说瑶瑶不敬业。拥有“33G”好身材的日本成人电影女演员苍井空，也是宅男们的“心头好”。去年苍井空来中国代言网游，和凤姐同台，苍井空超高的人气让凤姐恨得牙痒痒，离场后大飚脏话辱骂苍井空。李毓芬也是现在很火的宅男女神，拥有一张酷似徐若瑶的面孔。因为在某网络游戏中扮演女仆而走红网络，她还有一副魔鬼的身材，拍摄的内衣广告能让宅男们看得鼻血直流。嫩模也是宅男们最爱的那杯茶。最开始嫩模angelababy是风头最劲的宅男女神，不过自从和黄晓明谈起了恋爱，angelababy渐渐卸下了女神的光环。好在嫩模界还有周秀娜在撑场子，周秀娜向来以胆大著称，曾经发行过1：1的人形抱枕。这个抱枕价值500多元港币，可以任意变形，一上市就受到了宅男们的哄抢。

·歌手李宇春：赞扬是高帽子，我没有那么好。谣传总会过去，我没有那么弱。

瑶　瑶

小钊在青海塔尔寺/转山转水转佛塔，只为途中与你相见

小钊：典型80后如今最流行的单眼皮帅哥，最擅长挖掘娱乐圈不为人知的内幕消息。

代表作品：《春晚那些人》、《金粉世家》。

编导手记：

《金粉世家》这期节目的由来……说来话长。

不过，我们领导说不管多长的话都必须长话短说。

好吧，简单说，制作这期节目的初衷，就是很想和大家一起分享“人生如戏”这4个字。

当年的金粉中人谁也不会想到，自己的子孙会变成红粉伶人。

就像我们这些被称作娱乐记者的人。

有人本想跟着水均益去炮火横飞的科索沃感受男儿的铁血豪情，现在只能在口水横飞的娱乐圈感受明星的家长里短。

有人本想在绿茵场上跟着小贝一起飞，现在只能跟着小沈阳piapia的跑。

即使这样，日子还得过，而且还得笑着过。

《有一说一》的编导就是这么一群特别想得开的人。

当梦想无法照进现实，加把劲，把现实过成梦想。

·作家李敖：做弱者，多不得好活；做强者，多不得好死。

稿件节选：《金粉世家》

提到黄埔军校，很多人立马想到的一个词就是将军学堂。黄埔军校当年培养了无数著名的将军，孰知雨打风吹多年后，不少将军的后人选择了一条和祖辈们大不同的道路，一脚踏进了娱乐圈。

歌手刘若英出身于军人世家，祖父刘咏尧黄埔一期毕业，陆军四星上将。刘若英的祖父在黄埔军校时有位同学叫孙元良，孙元良后来生了个漂亮儿子孙祥钟，可孙祥钟长大后却没能继承父亲的衣钵，成为热血军人，而是扎进了你侬我侬的琼瑶剧，当了演员。还改了一个很琼瑶的名字，叫秦汉。秦汉的父亲孙祥钟和刘若英的爷爷刘咏尧还有一位同学，叫关麟征，是台儿庄战役的著名将领，他也生了一个浓眉大眼的漂亮儿子，取名关山。关山长大后也走上了演艺之路，并且在60年代红极一时。关山的妻子是个同样浓眉大眼的漂亮女星，叫张冰茜，优良基因相倍叠加，他们的女儿长大后凭借一双超级大眼睛横扫香港娱乐圈，她就是大眼美女关之琳。

一直有消息说，美籍歌手黄大炜的外公是名将张学良先生，外婆则是张学良将军的原配夫人于凤至。其实黄大炜的真外公是张学森，张学良将军的五弟。后来张学良将军认了黄大炜的母亲当干女儿，又成了他的干外公。张学良属于当时的奉系，直系军阀的老大则是冯国璋。冯国璋当年雄霸一方，没想到自己的曾孙子冯巩换了战场，改成了说学逗唱耍，

·已故演员伊丽莎白·泰勒：当你被卷入一桩丑闻的时候，你会发现谁是你真正的朋友。

雄霸春晚舞台。歌手王力宏的外曾祖父曾经是中山舰的副舰长，在北伐战争中，屡立战功，还得到过孙中山先生的嘉奖。

在旧社会，艺人曾经被称作“戏子”，当时都是贫苦人家的孩子为了生存不得已才干这一行。当年在舞台下看戏的贵族金粉们估计做梦都没想到，自己的后代有一天也会站到了台上，而且社会地位还来个乾坤大逆转。这恐怕就是所谓的人生如戏吧。

松哥 / 人生每天都是现场直播

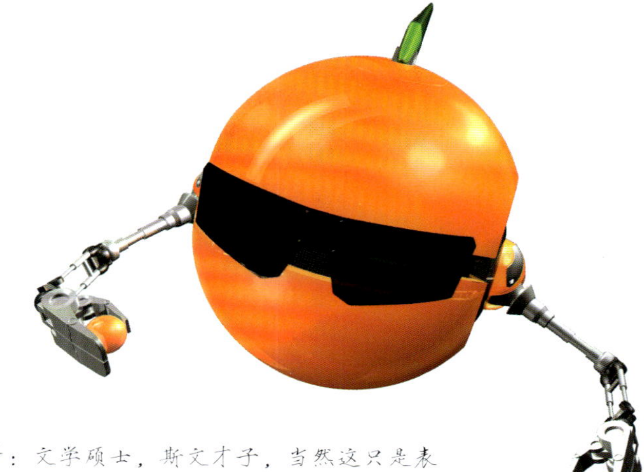

松哥：文学硕士，斯文才子，当然这只是表象。内心拥有无比强烈闷骚的娱乐小宇宙。

代表作：《明星都爱"文艺范儿"》、《我的兄弟姐妹》。

编导手记：

你看或者不看，节目就在那里，不早不晚。

你见或者不见，我们就在那里，或肥或瘦。

没吃过猪肉，您肯定见过猪跑。

看过了《有一说一》，您不一定见过编导。

白天虽不必风吹雨淋，但要在浩如烟海的娱乐新闻中奔跑。

黑夜给了我们黑色的眼睛，我们用它来报题写稿。

为毙稿揪心，为收视率操劳。

为观众的肯定欣慰，为栏目的进步自豪。

选题、制作、播出是我们生活的轨迹。

青春、活力、娱乐是我们工作的基调。

编导的生活很无奈，编导的生活很精彩。

编导的生活很辛苦，编导的生活很幸福。

成功？我们才刚刚上路。

·演员杨幂：如果《红楼梦》整部戏里面没有关系户，我觉得那都不正常。

稿件节选：《我的兄弟姐妹》

在娱乐圈里，哥俩好、姊妹花的明星不在少数，咱们来聊聊这些明星们身边的兄弟姐妹们。

李冰冰 VS 妹妹李雪

如今的李冰冰，称得上是国内当仁不让的一线女星了，而有如今的地位，李冰冰的经纪人李雪可谓功不可没。李冰冰刚刚进入娱乐圈时，对外总是宣称李雪是自己的“姐姐”，可实际上李雪小李冰冰两岁，之所以说是“姐姐”，是为了能让李冰冰“显得”年轻点。2004 年，冯小刚筹拍电影《天下无贼》，李雪利用自己深厚的人脉，让李冰冰得到了女贼“小叶”这个角色。但李雪并未满足，又把目标锁定在把姐姐打造为影视歌“三栖”明星上，李雪如今已经成为了华谊公司副总。

·网络红人兽兽：一个男人能造就一个女人，同时也能毁灭一个女人。

selina VS 妹妹任容萱

SHE 组合在组建之初，入围的并不是Selina，而是她的妹妹任容萱。可当时的任容萱只有 13 岁，最终与 SHE 失之交臂。虽然没能通过组合扬名，任容萱还是凭借清新的气质引起了星探的注意，出演了偶像剧《终极三国》，并在多部 MV 中担纲女主角，成为了一颗冉冉升起的演艺新星。一直以来，任容萱都把姐姐当成自己奋斗的目标。前不久 Selina 拍摄《我和春天有个约会》被烧伤后，任容萱在医院寸步不离，真可谓姐妹情深。

李亚鹏 Vs 哥哥李亚伟

李亚鹏有个哥哥叫李亚伟，随着在娱乐圈逐渐混出了名堂，李亚鹏也没忘拉兄弟一把。起初，李亚鹏任命哥哥做自己的经纪人，可既没专业知识，又低调内向的哥哥难以适应经纪人工作。李亚鹏无奈之下，只好为哥哥另谋出路，办起了影视公司，安排哥哥担任执行制片人。

在风云变幻的娱乐圈里，想要打拼出一番事业，身边有个全心全意为自己着想的人很重要，在得意时未雨绸缪，在低潮时不离不弃。除了亲友外，他们更是并肩打拼的战友。

·网友晴天 hoo：娱乐圈内是是非非，谁真谁假，且听小虫为您说道说道。关注橙色影视，关注《有一说一》，快乐你我。

卡卡 / 工作虽忙碌，该酷也得酷

卡卡：时尚达人，半熟型男。擅长装酷，更擅长直击娱乐突发事件的幕后真相。

代表作：《又见艳照门》、《毒火焚身》。

编导手记：

静下心来，仔细品味我的人生。竟然只能简单地割裂为两个阶段。

一个是来到《有一说一》之前，一个是来到《有一说一》之后。

划分的依据是人生的频率。

在来《有一说一》之前，老妈形容我是超级慢性子。要是油瓶子倒了，就算我有心去扶，油也流得差不多了。

然而来到《有一说一》之后，我人生的频率像是后期加了几倍的快动作。之所以有这样天翻地覆的变化，是因为节目播出不容许我慢慢来。一旦有播出任务下达，我就如同上紧了发条的陀螺，转啊转啊直到把当天的播出送走为止。有时候忙了一天，会猛得发现自己一天没吃没喝了。而低头一看，其实水啊饭啊就在桌上摆着，我却没有多余的精力去注意到它们。也许这就是人们常说的废寝忘食吧。（注：此处有些许诉苦动机，稍有夸张，严禁知情人拍砖！）

稿件节选：《毒火焚身》

2011 年 4 月 15 日，香港著名演员莫少聪因为吸毒被警方抓获。而就在莫少聪被捕的同一天，另一位香港演员孙兴也因吸毒被抓。这一重磅消息一下子让整个娱乐圈炸开了锅。

2011 年 4 月 15 日，北京警方得到线索，称朝阳某小区内有人吸毒。下午四点，北京市公安局禁毒总队的民警们将涉嫌吸毒的人员全部抓获。在这批吸毒人员中，人们惊讶地发现了一个眼熟的身影——双手拷在背后，安静地坐在角落里，他就是香港演员莫少聪。莫少聪和天王刘德华几乎同时出道。1988 年因为出演电影《中国最后一个太监》获得了香港电影金像奖最佳男主角的提名。后来莫少聪又出演了大家熟知的《黄飞鸿》系列，在里面饰演了黄飞鸿的徒弟梁宽。据说莫少聪平时生活十分规律，极少去 KTV、酒吧等场所。因此莫少聪吸食毒品大麻的消息传出，令很多人大跌眼镜。莫少聪辩称，自己身处娱乐圈身不由己，难免会碰上朋友敬烟敬酒，有时候碍于面子，明知是毒品也不好拒绝。

同样在 4 月 15 号，香港演员孙兴也因为吸毒被抓。孙兴曾经因为电视剧《家有仙妻》中的沈公子一角爆红。他在《倚天屠龙记》中扮演的亦正亦邪的杨逍，也被不少观众奉为经典。当天孙兴和女友骆莉娜正和朋友在北京某餐厅吃饭，当警方赶到现场时，孙兴满脸苦涩的笑容，仿佛已经料到了这一天的来临。警方当场对孙兴及其朋友进行了尿检，结果显示孙兴吸食过 K 粉、冰毒以及大麻等毒品。对于吸毒的原因，孙兴称是因为自己有过两次失败的婚姻，于是靠着吸毒的短暂麻痹来让自己忘记痛苦。紧接着有知情人士站出来爆料称，内地娱乐圈中有多达 30 多位以上的明星涉嫌吸毒。甚至说，这帮人如果全抓进监狱里，都可以上演一台《同一首歌》了。而为了争取宽大，减轻处罚，孙兴将演艺圈许多吸毒内幕和盘托出。并且供认了毒品的来源，是内地一名重量级艺人，俗称“拆家”。孙兴的这一爆料瞬间引发了演艺圈的恐慌。

在竞争异常激烈的娱乐圈，许多人都依靠毒品来逃避现实。但是这种逃避无异于饮鸩止渴，玩火自焚，而一旦惹得毒火沾身，必然会被烧得体无完肤。

彪悍的人生不需要解释

给自己换个英文名，叫压力山大

我猜我猜我猜猜猜

灵感不是曹操，说来就来啊

·网友冰山美人于小鱼：现在每晚必点的“菜单”，全心全意娱乐人民。

一点乐子

[题记]

这一部分文字记录的是《有一说一》的工作人员和观众之间的一些有趣的交流和对话，最初我们想取名叫做“一点灵犀”，等到组稿结束，大家不约而同地表示：我们怎么会有这么一群可爱的工作人员，又怎么会恰好有这么一群可爱的观众呢？这些对话简直太可乐了。最终，这个板块就定名为“一点乐子”。我一见你就笑，就是这样。

·网友DuncanV：娱乐万象，纷繁复杂，“动嘴”“动手”爆猛料，美事哀事天天有，《有一说一》天天看。

1　问：每个成功男明星的背后都有一个默默支持他的女人，那么一个失败男明星的背后有什么？

答：有无数女人。

2　问：为什么把演艺界称为“娱乐圈”？

答：因为明星们的绯闻大多没头没尾没完没了，可不就是个圈么。

3　问：那些当红的明星都是有钱人家的孩子么？

答：有的是有钱人家的孩子，有的是因为孩子当明星变成了有钱人家。

4　问：为什么一提收入问题，明星就用“无可奉告”搪塞？

答：我们做记者的对这事儿也是深恶痛绝！

5　问：为什么娱乐圈里这么多明星都宣称自己从不上网不用电脑？

答：陈冠希的教训还不够深刻么……

6　问：《有一说一》的抽奖活动中得奖的是不是都是你们自己人啊？

答：我们向来都把广大的观众朋友们当成自己人。

·网友 MCJaysin：这个节目如果能覆盖全国的话～～这收视率杠杠地～～

7 问：我是个龙套演员，年近 30 了还没露上几脸，我还有希望出头么？

答：黄忠当年 60 岁了才跟了刘备，姜子牙 80 岁才当上丞相，白素贞 1000 岁才下山谈恋爱，你才 30 急什么……

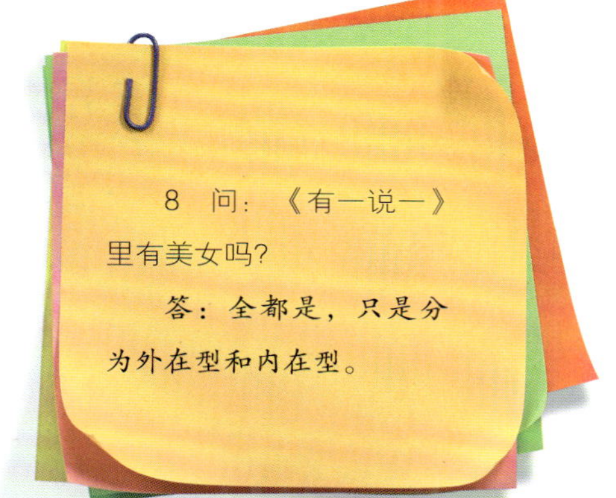

8 问：《有一说一》里有美女吗？

答：全都是，只是分为外在型和内在型。

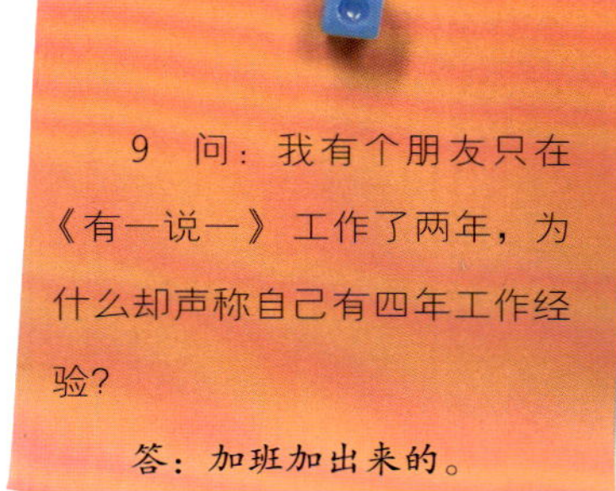

9 问：我有个朋友只在《有一说一》工作了两年，为什么却声称自己有四年工作经验？

答：加班加出来的。

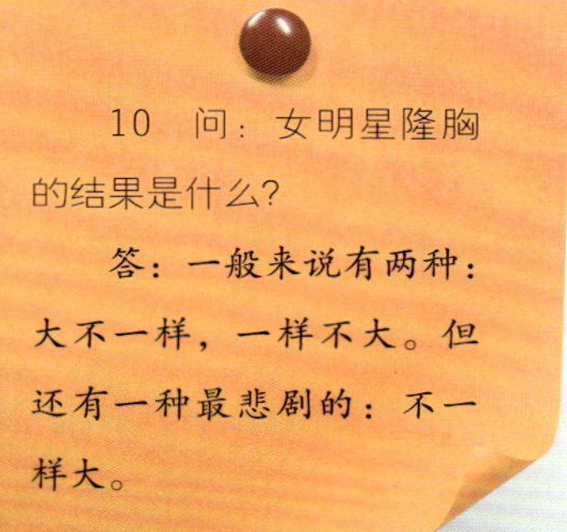

10 问：女明星隆胸的结果是什么？

答：一般来说有两种：大不一样，一样不大。但还有一种最悲剧的：不一样大。

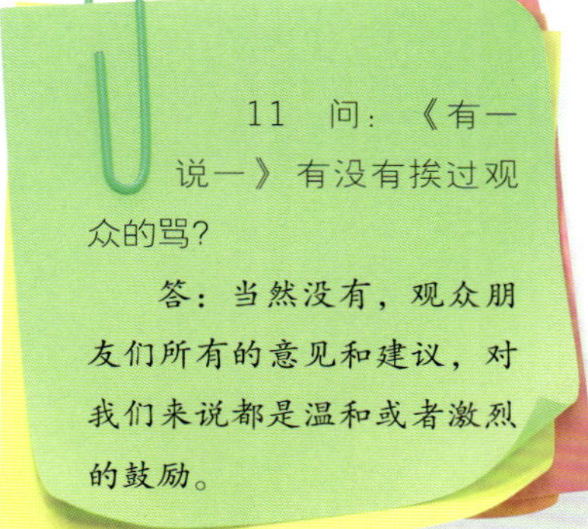

11 问：《有一说一》有没有挨过观众的骂？

答：当然没有，观众朋友们所有的意见和建议，对我们来说都是温和或者激烈的鼓励。

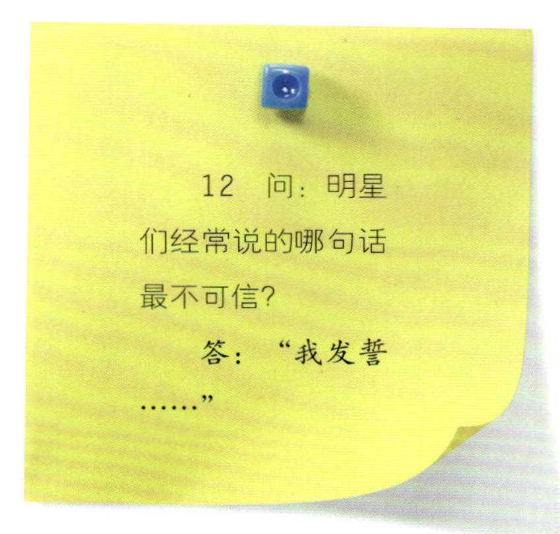

12 问：明星们经常说的哪句话最不可信？

答："我发誓……"

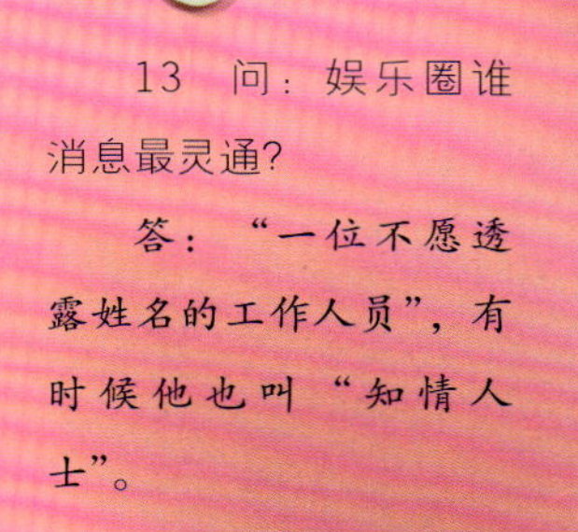

13 问：娱乐圈谁消息最灵通？

答："一位不愿透露姓名的工作人员"，有时候他也叫"知情人士"。

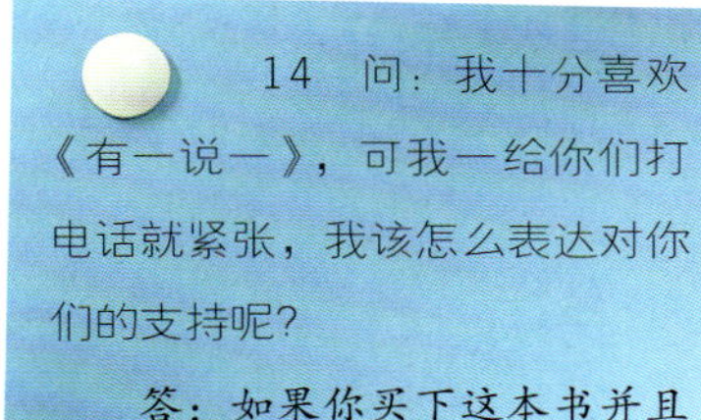

14 问：我十分喜欢《有一说一》，可我一给你们打电话就紧张，我该怎么表达对你们的支持呢？

答：如果你买下这本书并且看到了这个问题，你的心意就已经表达了。

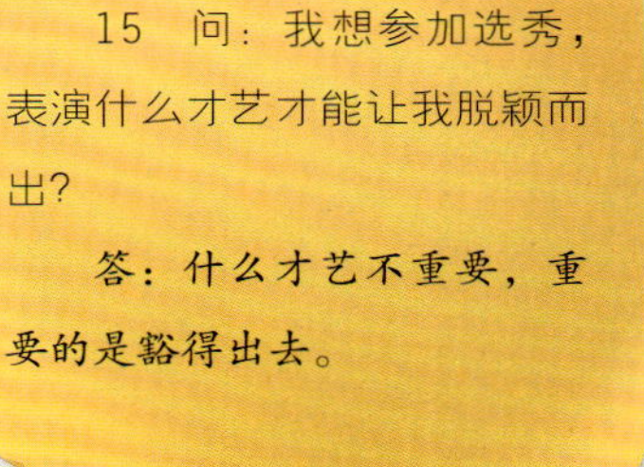

15 问：我想参加选秀，表演什么才艺才能让我脱颖而出？

答：什么才艺不重要，重要的是豁得出去。

·网友七彩的云飞翔：观众是上帝，收视是压力，只能为了上帝顶住压力，努力努力再努力，《有一说一》加油!!!!!

16　问：为什么节目里的广告那么长？多放点节目不好吗？

答：不是有句话么，“广告回来更精彩”，不放广告怎么能更加精彩？

17　问：在《有一说一》的记者们眼里，哪个明星最难缠？

答：下一个。

18　问：节目中的视频资料都是从哪儿找的？

答：你猜。

19　问：为什么我打了好几次电话想要问节目中的配乐是什么都得不到回答？

答：你去私房菜馆问人家要做菜的配方会给你吗?

20　问：明星为什么爱迟到?

答：跟上菜一个道理，主菜都在后面。

21　问：为什么男明星有很多女友会被人羡慕，而女明星有很多男友会招来口水?

答：人们通常认为：一把钥匙可以开很多锁，这把钥匙可以成为万能钥匙；而一把锁能被很多把钥匙开，就说明这把锁有问题。

22　问：我怎么看都觉得郭德纲长相有点太磕碜了，尤其那天在节目里跟林志颖一比。

答：老郭不是丑，只是美得不明显。

23　问：娱乐圈有真正的友情吗?

答：他们有的是一辈子的朋友，有的是一杯子的朋友，

有的只是一被子的朋友。

24 问：为什么很多跨行发展的明星往往都铩羽而归?

答：铁杵能磨成针，但木杵只能磨成牙签，材料不对，再努力也没用。

25 问：娱乐圈的明星在一块为什么总能碰出点火花?

答：两个明星见了面，肯定不是故事就是事故。

26 问：为什么娱乐圈里许多公认才华横溢的明星，大部分都有点神经兮兮?

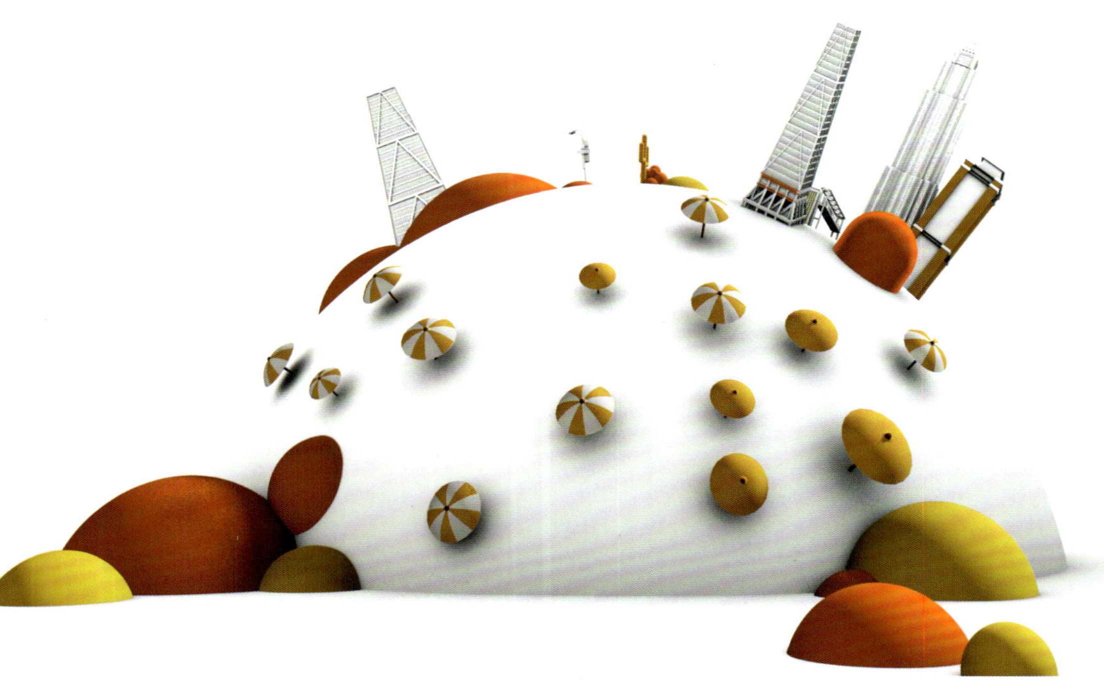

·网友秦亮 -LennonQin：小虫，济南之星。

答：天才和人才就差一个“二”，所以天才总是有点“二”的。

27　问：你看，女明星漂亮，找的老公又能赚钱，要是有个孩子随了妈妈的长相，又随了老爸的头脑，该是多完美的孩子啊？

答：万一不幸倒了过来……

28　问：为什么那么多人喜欢唱周杰伦的歌？

答：因为不用记歌词比较省心。

29　问：为什么跟风模仿明星的人那么多？

答：刚出生每个人都是原创，可活着活着就成了盗版。

30　问：《有一说一》的创作团体的平均年龄是多少？

答：这个得看情况：干体力活时18，写稿时38，谈到对工作的热情，我们是永远的25岁。

31　问：为什么现在导演都喜欢找像王宝强、周冬雨这样毫无演出经验的人担纲主角？

答：诸葛亮出山前也没带过兵。

32　问：怎么样才能培养出明星的气质？

·网友90后手牵手：济南电视台《有一说一》，收视率第一、关注度第一、娱乐性第一、百姓爱看的节目第一，杠赛来。

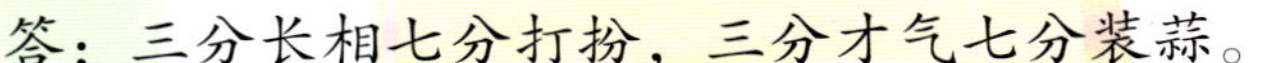

答：三分长相七分打扮，三分才气七分装蒜。

33　问：为什么现在娱乐圈里满眼都是艳照门、性丑闻？

答：上帝给了我们七情六欲，有人却把它变成了色情和暴力。

34　问：很多明星为什么喜欢养宠物？

答：不会开口向媒体爆料。

35　问：明星代言的产品效果真的那么好吗？

答：看看王珞丹为增白产品代言就不需要多说了。

36　问：为什么那些富二代其貌不扬还是能得到大批女星芳心？

答：有钱人终成眷属。

37　问：为什么在娱乐圈里有很多因拍戏结缘的明星夫妻？

答：天下大势，分久必合，合久必婚。

38　问：《有一说一》会继续出《有一说一2》吗？

答：在娱乐圈里您见过成功的续集吗……

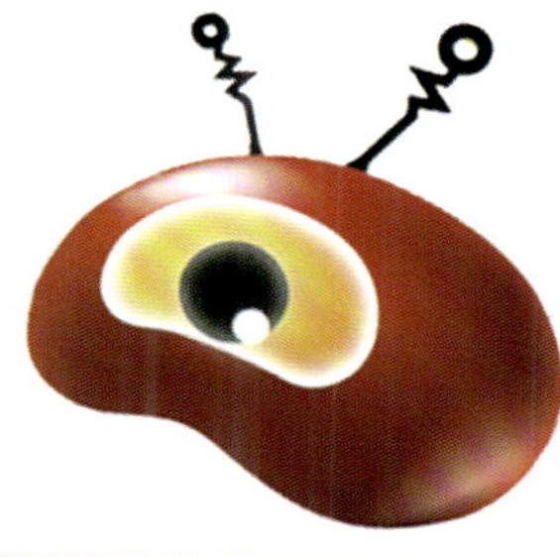

大事记：

2004年1月1日，《有一说一》诞生，隔日播出，每次10分钟。

2004年4月，因为争议不断，节目组开始思考调整。

2004年5月，新主持小虫和大家见面，节目改走轻松阳光的路线。

2004年12月1日，日播。

2005年3月，获得山东电视文艺“牡丹奖”文艺栏目一等奖。

2005年9月，实地拍摄《中韩大型歌会》，吹响了“直击娱乐第一线”的冲锋号。

2006年1月1日，扩时至15分钟。

2006年5月，“五一七天乐”和观众见面，幽默配音的形式令人耳目一新。

·网友卖马者：记录美好回忆，有一说一，深入娱乐前沿，全心全意，酸甜苦辣都有，娱乐人民，嬉笑怒骂随意，我最给力！

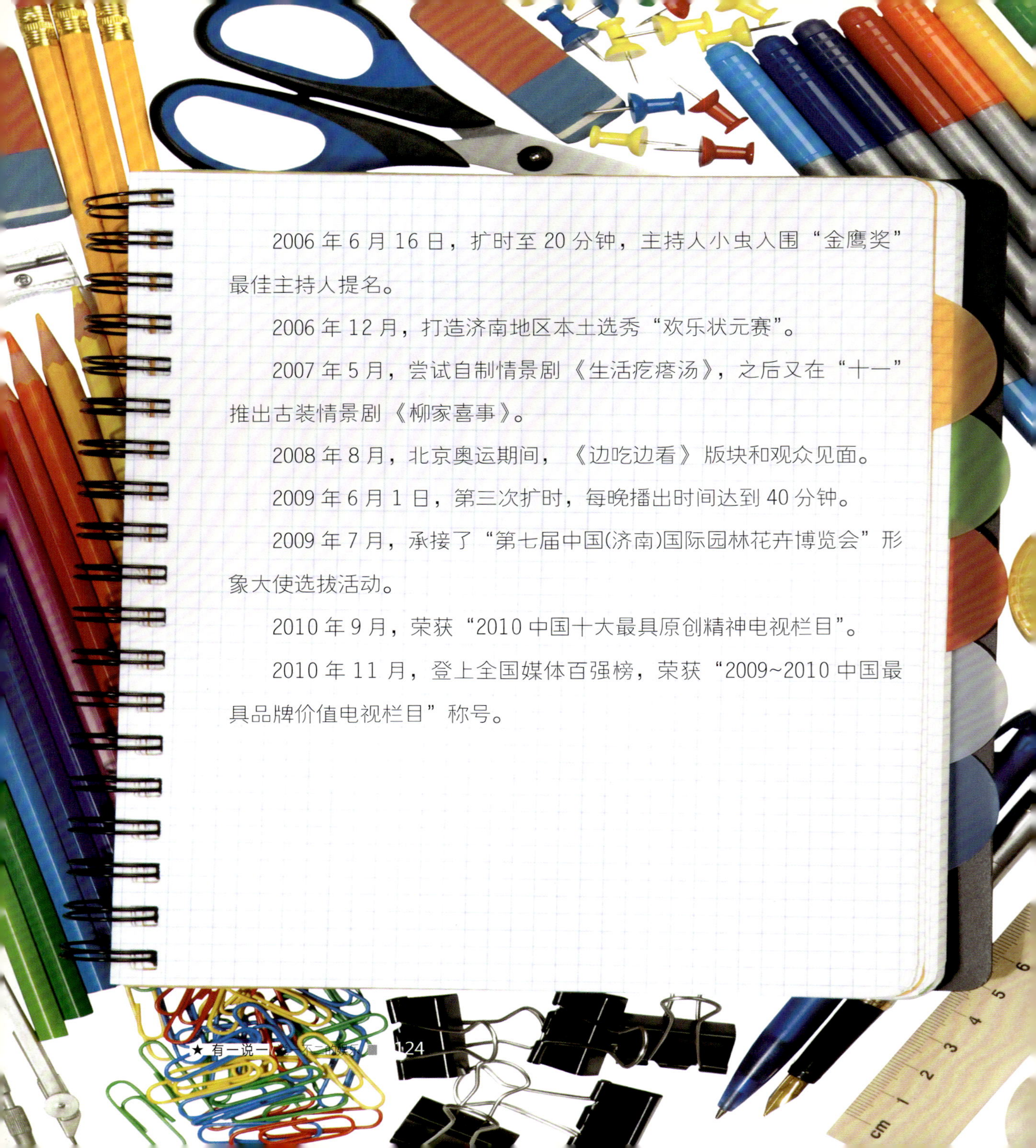

2006 年 6 月 16 日，扩时至 20 分钟，主持人小虫入围“金鹰奖”最佳主持人提名。

2006 年 12 月，打造济南地区本土选秀“欢乐状元赛”。

2007 年 5 月，尝试自制情景剧《生活疙瘩汤》，之后又在“十一”推出古装情景剧《柳家喜事》。

2008 年 8 月，北京奥运期间，《边吃边看》版块和观众见面。

2009 年 6 月 1 日，第三次扩时，每晚播出时间达到 40 分钟。

2009 年 7 月，承接了“第七届中国(济南)国际园林花卉博览会”形象大使选拔活动。

2010 年 9 月，荣获“2010 中国十大最具原创精神电视栏目”。

2010 年 11 月，登上全国媒体百强榜，荣获“2009~2010 中国最具品牌价值电视栏目”称号。

虫儿飞

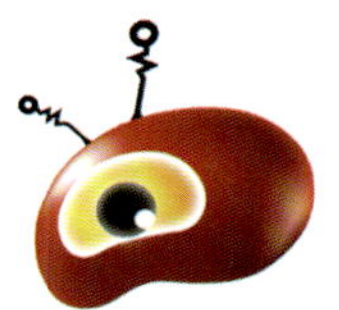

——主持人小虫侧记

蓝蓝的天空低垂，悠悠的花香相随，虫儿飞虫儿飞，你在娱乐谁?

雨后的路面上，一条小虫穿道而过。他很阳光，很快乐，尽情吮吸着新鲜的空气。行走的速度不是很快，但他始终在往前走，一直走，没有停止的意思。

他说，那就是我。

小虫，本名宋伟，1979 年 8 月生人。1999 年 9 月考入北京广播学院（现中国传媒大学）播音主持专业，学习期间曾到北京电视台、北京 97.4 音乐之声、新疆 94.9 卫星音乐广播、新

小虫摄影作品
夏日的午后
侧耳倾听暴雨渐进的脚步声

·网友少爷子：最佩服的就是《有一说一》的策划组的人了，幕后的欢乐英雄！

疆电视台经济频道等多个栏目客串播音主持。毕业后曾担任山东经济广播商务 96.0 节目主持。2004 年 5 月，小虫落户济南电视台影视频道，现为全台高收视率品牌节目《有一说一》的当家主持、济南电视台首席主持人。

不知是阴差阳错，还是机缘吸引，自幼喜欢唱歌、弹钢琴、玩吉他、吹单簧管儿的他，没学音乐却学起了播音主持；自己并不追星，却和张惠妹、惠特尼·休斯顿等歌星出生在同月同日；祖籍潍坊，出生在乌鲁木齐，求学在北

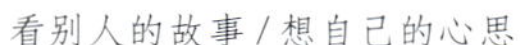
看别人的故事/想自己的心思

流水的节目铁打的虫

京，打拼在济南；本来能当一名文艺兵，最终却成了一名记者……一切看似稀里糊涂，但他称“自己被命运折腾得挺舒服”。因为，这一切构成了他的一笔财富，为日后的事业之路埋下了伏笔。

2004 年 1 月，济南电视台影视频道诞生了一档全新的探索性娱乐节目《有一说一》。节目伊始的“另类、快乐、时尚、瞬间抓取眼球”的定位，使得一个别具爆炸力的主持形象——小虫——脱颖而出。

由于节目紧扣影视热点和娱乐圈的奇闻轶事，“小虫”形象又很另类，再加上冯小刚的贺岁大片《手机》歪打正着的造势帮忙，使这个栏目很快有了知名度。与此同时，危机也接踵而来：先是被质疑有八卦、媚俗的嫌疑，后有草根类选秀等节目狂轰滥炸的挤压，节目面临巨大的创新、改版压力。小虫和他的搭档们意识到，节目要驶入健康快乐、正确导向的轨道，就必须删除粗浮的插科打诨，不能一味哗众取宠。而《一挂新闻》、《说点正事》的架构，恰可以融入文化感觉，敞开生活空间，使节目既有张力又有味道。

小虫悄然转身，默默上阵了。阳光、快乐的语调风格，加入一点理性和分析。他开始在“诗外”下起了功夫：对第一手影视资料，深究细挖，整体解读，过程剖析，把最精彩的细节展示给观众。《山楂树之恋》上映后，有些 80 后、90 后观众纷纷在网上发帖：“那个年代的爱情真是这样吗？那份纯真不会是装的吧？”小虫在节目中进行了这样的回复：“那个年代还不会装纯装嫩。不过看戏不可当真，感情更不能复制。”面对新版电视剧《红楼梦》遭受的非议、诟病，他又说：“让我看，李少红的悲哀是遇到了一群爱较真的文化人，遇到了太热爱经典的有品位的观众，说起来这也是好事，只不过他们与商业操作较上了真，拿李少红作了挡箭牌，李少红是不是有点冤呢？”

这个节目不同于一般的娱乐评论类节目，它不仅仅聚焦在明星的外表上，还要让明星落地，与生活真实对接。小虫和节目的创作团队，渐渐将目光转向明星的内心世界，利用各种渠

·网友奋青小豆包：给《有一说一》提个建议吧。我觉得节目可以尝试有个爱心活动，凭借节目的影响力，感染更多有爱心的人。独善其身，兼爱天下。

1984 年 / 5 岁的小虫和哥哥在新疆 / 哇哈哈

小虫摄影作品 / 当你孤单你会想起谁

想知道是什么味道 / 只能自己尝一尝

道和方法，捕捉明星们生活中的真实场景。

节目中，观众经常可以看到卸了妆、回到生活中的明星：陈道明远离社交圈的平淡，孙俪不敢出入公共场合的烦恼，谢霆锋父债子还的辛酸，满文军一朝吸毒的悔恨，某些歌星影星的闪婚闪离、婚外恋、三角恋的纠结，某些名人的英年早逝，被压力包裹的无奈，被绯闻葬送的事业，还有冯小刚和孙海英等所谓大腕沸沸扬扬的口水战。

为回答一些观众对快节奏工作中如何打拼、如何减压的问题，小虫专门追踪到“杜拉拉”王珞丹的现实生活场景，零距离采访了王珞丹，向观众展示了走下屏幕的“杜拉拉”王珞丹如“一块倔强的海绵，既敬业，吸附力又特强”的真实形象。王珞丹的敬业精神和快速充电能力，使打拼中的白领深受震撼，许多观众表示，“《有一说一》让我知道，创新不是拍脑袋，而是安下心来的一种厚积薄发，只有像杜拉拉那样摆正心态，微笑面对，才能跨过事业与情感的卡夫丁峡谷”。还有一些观众通过电话和短信说，“看过节目，我真正悟到了人生如戏的哲理”。

节目组多次组织电影、电视剧观众见面会，将情感共鸣再度升华。如《唐山大地震》首映式的观众见面会上，伴随着强大的视觉冲击力，人们再次看到了天灾面前的人性光辉，大灾大难中的母爱力量，当许多观众泣不成声时，小虫也流下了激动的泪水。

这泪水，为片中，也为片外。

法国启蒙思想家伏尔泰说过：“使人疲惫、制约远行的不是路途的艰难，远方的高山，而是鞋里的一粒沙子。在人生道路上，我们必须学会随时倒出鞋里的那粒沙子。”

小虫说，这个沙子，对我来说就是要放弃的东西。金钱、房子、各种诱惑目不暇接。但他说，再大的房子也是一张床，再好的饭也就是填

·网友丫丫 -o- 抱抱：出国的孩子在哪里可以看到《有一说一》啊……

一个人行走/享受着自由

·网友奥利奥控：精彩节目何处有？《有一说一》最给力

饱肚子，知足就是乐。

2008 年，一场突如其来的病灾——椎管纤维瘤——差点将他击垮。同情他的网友一度发出了这样的帖子："小虫，小虫，好可怜呵！"那一刻，他真的觉得自己是一条"可怜虫"。但在领导和同事们的鼓励下，他重新站了起来。回到岗位的第一天，面对新的挑战和团队的信任，他迅速倒掉"痛苦"、"烦恼"、"怨恨"的"沙子"，全身心投入到工作中。

屏幕上，人们再次看到的小虫，已经成熟了许多。他已不再是以前那个邻家男孩了，而悄然变身为一个谈天说地、游刃有余的"聊客"。有专家称，这恰是他与《有一说一》互为融合、走向理性和个性化的标志。

小小的虫儿风生水起

功夫不负有心人，在小虫与节目团队的不懈努力下，《有一说一》创造了济南电视台低投入高产出的节目记录，多期节目收视率突破历史最高水平，而且摘得 7 个山东省电视艺术“牡丹奖”一等奖的桂冠。2010 年 9 月 18 日，在上海，中国电视最具原创精神的栏目评奖现场，《有一说一》再度获奖。当红地毯上走来济南电视台的领奖者时，全场掌声雷动。2010 年 11 月，《有一说一》登上了中国媒体百强榜，和《非常 6+1》、《快乐大本营》、《越策越开心》一起摘得了“2009~2010 中国最具品牌价值电视节目”的殊荣。小虫清楚，这喝彩，不仅仅是奖给栏目的，更是对一种兢兢业业敬业精神的鼓励。

树树皆秋色，山山唯余晖。也许相比春的张扬，夏的热烈，秋天显得低调一些。然而正是那种“梱庭多落叶，慨然已知秋”的坦然，是一种更高的境界。小虫说，他喜欢秋天，并认定每一个紧跟时代或被时代裹挟着向前的人，往往心力交瘁，陀螺般飞旋在生活的表层。在这急匆匆的社会中，能坦坦荡荡、心无旁骛、始终保持一种心气，不仅是工作所需，更是人生一种定力。

小虫的业余生活很丰富，养花、遛鸟、养宠物、玩游戏，还喜欢摄影。前不久，济南电视台主持人才艺展示活动，他就拍下了不少别有味道的佳作。

这就是“小虫”，一个不停步但又很快乐的“小虫”。用他的话说：“我是‘小虫’，不起眼，但我比任何生灵更接地，我是全身心接地，故而脚踏实地，踏踏实实。”

“小虫”仍在前行……

·网友咬咬的小围脖：在济南的日子天天看《有一说一》，现在回天津了很想念。

小虫·有一说一

逄春阶

首先说明，我不认识生活中的主持人“小虫”，也不认识济南电视台《有一说一》栏目组的任何一个人。但我比较喜欢小虫和他主持的这档评说娱乐圈的节目。一直关注娱乐新闻的我，就忍不住想唠叨两句。

我和家人都喜欢这个栏目，小虫出来，我们不叫他小虫，都叫他小瘦子。妻子说，快来看，小瘦子又出来了，小瘦子爱翻旧账，小瘦子翻得有滋有味……小虫的确是瘦，嶙峋瘦骨穿着有点肥大的衣服，好像天天挨饿的样子。按说济南电视台收入也不低，他怎么能吃成那个样子呢？难道是操心累的？或者是故意要这样的状态？

但他主持有自己的风格，是绝对独特的。叫我概括，就是小跑着说，有一定的语速，你听的时候，得紧跟着。如果去一趟厨房端菜，回来，小虫的话可能就又转到另一个事件上了。小虫好像不会开口笑，就那么在匀速地说三道四，用语不乏幽默。

在小虫身上，很可贵的一点是，没有“装”的痕迹。有些主持人我之所以不喜欢，就是因为我发现他们老端着，高人一等。比如某些电视频道的情感倾诉之类的栏目，屏幕上张家长李家短，好不热闹，可是主持人呢？总是不停地教育那些上节目的人。不管当事人是对的还是错的，是有冤还是无冤，公道自在每个观众心里，你做主持的不过就是个穿线之针，老抢着当判官，显得你比别人聪明似的。这算怎么回事呢？多嘴多舌，这是明显的越位，很没劲。

有的主持人呢？时不时地要卖弄卖弄自己的那点才气，哼两句西皮二黄啊，来个小魔术啊，要不就来两句外语，卖弄卖弄自己的外语水平，也很没劲。而小虫没有，他就这样在说。是零度播报，站在旁边，是旁观者在说，开着大口，但不偏不倚。

小虫说话的腔调，虽不悦耳，但也不刺耳。略微有点沙哑，但不妨碍表达。现在流行的那些主持人，多模仿港台腔，嗲声嗲气，还故意带点俏。骚首弄姿，怪里怪气的腔调，我听着都

·网友昶柯宝贝：希望今晚儿子早点睡觉，让我饱饱的看个够！

有点轻微的恶心。比如湖南卫视那个何炅，有些年轻女孩子喜欢，但我实在不喜欢。听话听音，主持人是靠自己的腔调来传达信息的，说话声音的高低、强弱、起伏、节奏、转折、语速等这种种“腔调”，最终形成自己的主持风格。

娱乐圈的新闻很杂，真真假假，你想理出个头绪来，还真不容易，这就需要耗费大量精力来筛选。小虫的课前功夫还是不错的。他和他的栏目组，是从哪里弄来那么多的娱乐视频的？诸如小沈阳的父母办起“小沈阳二人转培训学校”这些旮旮旯旯的新闻，我以前就没搜到。

11月9日中午12时许，济南电视台重播8日晚的《有一说一》，还是小虫主持，话题是老版《西游记》演员今何在，说唐僧师徒，说妖魔鬼怪，都说得很溜。说老版《西游记》，新闻由头是

·网友舵手 LEE：看了晚上的首播，第二天早晨再看重播，中午吃饭还瞄两眼精编版，很忠实的粉丝有没有??? 有没有??!! 这样的粉丝你伤不起啊!! 伤不起!!

张纪中的新版《西游记》已经拍出来了。不过小虫有个小小的失误，就是说到唐僧的扮演者徐少华时，说他是山东省话剧院的院长，我看得很清楚，还有字幕。这就不对了，徐少华是省话剧院的副院长，院长叫柳玉林，国家一级演员、导演，他 2003 年 12 月获得第五届中国话剧表演金狮奖。柳院长是我的好朋友，他说也看到了，一笑了之。他还特意说，《有一说一》办得还可以。

能办好一个电视专栏很不容易。小虫和他的团队肯定付出了不少心血。这个栏目，还有可以提高的地方，我觉得对明星新闻的选择还应该更严格些，小虫的评论还可以更辛辣些。就是要一针见血！两针见血，那不叫本事；三针见血，那是笨蛋才做的事。

最后从网上看到小虫的资料是这样的：法定用名是宋伟，因为叫小宋也太俗，偶尔不小心读成了——小虫，就延用至今。祖籍：山东诸城，出生地：乌鲁木齐，前科：儿时堵过烟囱，偷摘过苹果，小学时往女生书包里放过癞蛤蟆。

来源：大众日报

·网友晴天 hoo：娱乐圈内是是非非，谁真谁假，且听小虫为您说道说道，关注橙色影视，关注有一说一，快乐你我

美人记

除了小虫这位当家主持之外，还有三位美女主持，曾经在《有一说一》留下过令人难忘的倩影。

第一任美女主持：于淼

于淼的“淼”就像是趵突泉的三股水，她是个标准的泉城姑娘，一双大眼睛忽闪忽闪比泉水还清亮。她曾担任《有一说一》多年外景主持，主持过多期《明星会客厅》，后来为爱情远嫁南非，现在已经有了可爱的小宝宝。

于　淼

紫琦　伶牙俐齿的小紫妹 / 散发着淡淡薰衣草的味道

第二任美女主持：紫琦

性格爽朗的紫琦是东北姑娘，接棒于淼担任《有一说一》外景、《明星会客厅》以及特别节目的主持人，后来因为工作需要调入了济南电视台新闻频道《有么说么》栏目。自从改名“小紫妹”之后，她在荧幕上的形象越来越活泼，呈现出华丽的“逆生长”趋势。

·网友邢晓林 alin：《有一说一》，娱乐精神的集结号。

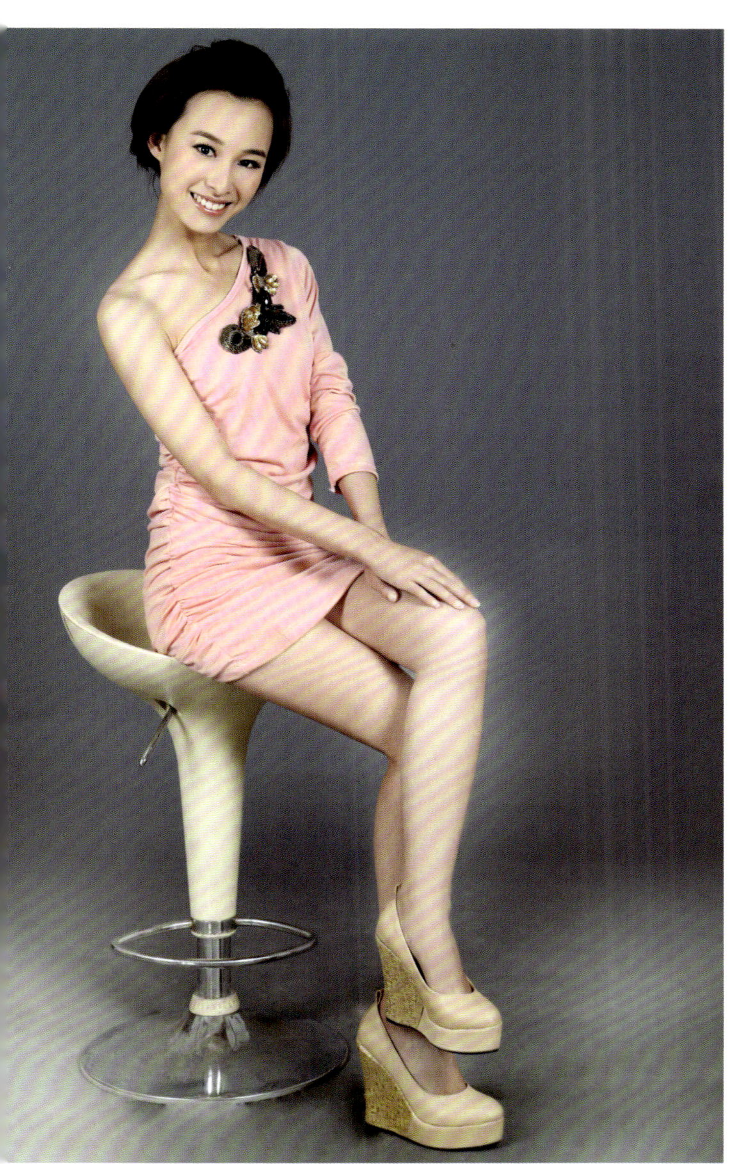

第三任美女主持：高原

高原如今是《有一说一》特别节目《有一周刊》的主持人，大眼睛、高鼻梁的她常常被观众当成是混血儿，其实是咱土生土长的山东姑娘，她还担任着姊妹栏目《不见不散》的主持人。

高原　众里寻她千百度/“原”来就是你

·网友放肆的妖：林子大了什么鸟都有，但是，这些鸟必定周末来《有一说一》报道。

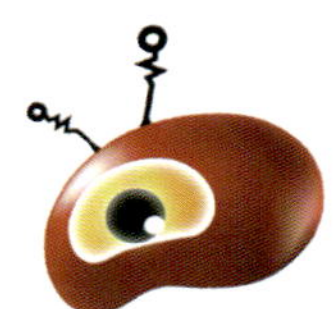

最佳拍档

出演《柳家喜事》

俗话说：百年修得同船渡，千年修得共枕眠。其实，在荧幕上成为一对观众喜闻乐见的搭档，也是一种难得的缘分。

真假夫妻：老赵和老赵媳妇

老赵和老赵媳妇黑月静是这档节目打造的第一对荧幕夫妻档，斗嘴吵架，老赵总是受气的那位。后来，黑月静调入济南电视台影视频道另一档栏目《泉水人家》，成了茶楼老板娘黑妮，老赵

·网友秋湫_go7：俺是《有一说一》的老"一丝儿"了。

洗尽铅华

随之追随了过去，当节目的导演。

另外，俩人还一块客串过电影《随风摇曳》，黑月静在里面演了一个法院书记员。要不说人生如戏呢，如今的黑月静已经离开电视台，还真的去法律系统做起了宣传工作。

那么老赵呢？

·网友孙晨sc：观之，看之，称之，赞之，叙之，论之，传之，《有一说一》，吾爱之。

老赵当然是和自己真正的老婆孩子幸福地生活在一起了，早说过了这俩人是荧屏夫妻，您还当真了?

老赵　媳妇　兜兜/我们三个就是吉祥的一家

·蓝子琦06：济南人谁不知道有一说一，很喜欢这个节目。

市井奇葩：徐师傅和燕子

徐师傅饭馆子是《有一说一》特别板块《边吃边看》里的一个虚拟饭馆子，餐馆老板是胖胖的徐师傅，拿手菜就一道，醋熘土豆丝。他最大的特点就是小气抠门，炒菜不喜欢放油，更不喜欢放盐。他还是单身汉一个，常常相亲，却屡战屡败。

2008 年起，服务员小燕加盟了徐师傅饭馆子，小燕是最 Fashion 也最八卦的，一门心思想当徐师傅饭馆子的老板娘。

这俩人最大的爱好就是找主持人小虫串门，给小虫出个馊主意添个小乱。总之，徐师傅和小燕是一对结结实实的市井奇葩，搞笑的活宝。

食神还是门神？

媳妇的美好时代

欢喜冤家：卡卡和媛媛

2010 年南非世界杯踢得如火如荼的时候，我们推出了特别版块“南得一见”，卡卡和媛媛这对小夫妻应运而生。他们是在“老赵和老赵媳妇”之后打造的全新夫妻档。卡卡是个铁杆球迷，媳妇就是命，可一看球就不要命了，而刁蛮媳妇媛媛则是个铁杆球盲，看见足球就上火，一上火就会一招——排山倒海。这两个人算是一对欢喜冤家。

·夏破海：事实就在那里，不管怎么评论，都是个人的一种态度……站在一件事情的不同角度，用另一种方式解读，给观众一个娱乐的心情……不错……

[橙色家庭]

制片人 / 牛冬洁

制片人 / 邓媛

编导很幸福 有数不清的明星排队等我采访 每天和明星一起站在镁光灯下接受欢呼。

编导很悲催 有数不清的明星采访，就有数不清的粉丝和你一起抢着见明星，一不留神就会被疯狂的粉丝踩伤。

编导很幸福 节目扩时啦，二十分钟成了四十分钟，观众说你们节目还是那么好看。

编导很悲催 节目扩时啦，兄弟姐妹们很幸苦，可观众说四十分钟还是太短，能扩到一百四十分钟吗？

做摄影，那得身体倍棒，吃嘛嘛香。不然你怎么有力气每天横着拍，竖着拍，站着拍，跪着拍，连做梦都在拍啊

我们都是粉刷匠，粉刷本领强，我们要把咱节目，刷得更漂亮。

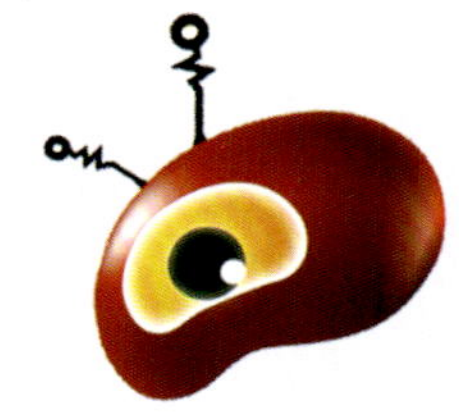

橙色影视　我们放飞梦想　有一说一　全心全意娱乐人民

济南影视
JINAN MOVIE CHANNEL
频道总监/刘伟敬

图书在版编目(CIP)数据

有一说一：说一不二的娱乐 /《有一说一》编写组著.—济南：济南出版社，2011.7

ISBN 978-7-5488-0299-0

Ⅰ.①有… Ⅱ.①有… Ⅲ.①电视节目—介绍—济南市 Ⅳ.①G229.275.21

中国版本图书馆 CIP 数据核字(2011)第 135058 号

有一说一：说一不二的娱乐

责任编辑 戴梅海
装帧设计 戴梅海 费跖亭

出版发行 济南出版社
地　　址 济南市二环南路 1 号
邮　　编 250002
网　　址 www.jnpub.com
电　　话 0531-86131726
传　　真 0531-86131709

经　销 各地新华书店
印　刷 山东星海彩印有限公司
开　本 850×1168 毫米 1/20
印　张 8
字　数 70 千
版　次 2011 年 7 月第 1 版
印　次 2011 年 7 月第 1 次印刷
定　价 35.00 元

发行电话 0531-86131730
86131731
86116641
传　　真 0531-86922073